地方自治ジャーナルブックレット No.67

いま一度考えたい 大阪市の 廃止・分割

―その是非を問う住民投票を前に―

編著
大阪の自治を考える研究会

公人の友社

目　次

はじめに－住民投票で何を選択するのか……………………… 3

その1　貧弱な特別区ができる ……………………………… 15
　1　区割りの経緯と問題／大阪市民に意見表明の機会なし… 15
　2　事務分担が引き起こす不都合な真実…………………… 29
　3　縮小・後退する「まちづくり権限」…………………… 38
　4　貧弱すぎる議員定数と職員体制………………………… 44

その2　大阪府による特別区の分割統治がはじまる ……… 48
　1　税源配分・財政調整で大阪府の財政支配が強まる…… 48
　2　大阪府・特別区協議会（仮称）の問題点……………… 57

その3　大阪の市民に降りかかる不利益の数々 …………… 60

その4　住民投票－投票率1％でも過半数で決まる ……… 66

おわりに………………………………………………………… 72

（巻末資料）
　Ⅰ　特別区設置協定書の要旨………………………………… 75
　Ⅱ　大阪特別区一部事務組合（仮称）で共同処理する事務… 80
　Ⅲ　特別区設置協定書に対する市会各会派の反対討論……… 82
　　（2014年10月27日）

はじめに―住民投票で何を選択するのか

大阪市は消滅、大阪府は残る

　今年の5月17日に、大阪市の廃止・分割に賛成か反対かをきめる「住民投票」が実施される予定です。いわゆる大阪都構想の是非を問う住民投票ということですが、根拠となる法律「大都市地域特別区法」は、大阪「都」を設置するための法律ではありませんので、住民投票はあくまで大阪市を廃止・分割し、5つの特別区をつくることの賛否を問うものです。具体的には、大阪市を廃止して大阪府に吸収、新たな広域自治体をつくり、その一方で大阪市を分割し、東京23区のような公選制の区長・議会をもつ5つの「特別区」(北区、湾岸区、中央区、東区、南区)を設置する構想です。この構想に基づき、大阪市がもっている事務権限・財源のうち、身近な住民サービスに関わる部分は特別区に統合し、広域行政にかかわる部分は大阪府に移管することが検討されてきました。

　大阪府は大阪市の事務権限・財源の主要部分を吸収するわけですから、いま以上に巨大な役所が誕生し、その影響は880万府民に及んできます。しかし法律では、大阪市の有権者のみでの投票と定められています。たとえ投票率が1％であっても、大阪市の廃止・分割に賛成する票が1票でも反対票を上回れば大阪市は消滅し、2年後の2017年4月から新しい制度がスタートすることになります。

なぜ、わかりにくい住民投票になったのか

　一般に「住民投票」といえば、かつての新潟県巻町での原子力発電所建設、また最近では、東京・小平市の都市計画道路など、個別具体の迷惑施設や都市開発などの賛否を問うかたちでおこなわれてきました。もう一つは、1990年代にはいり、「平成の大合併」を機に合併の是非を問うため、全国の市町村で住民投票が実施されてきました。今回の住民投票は、これらの住民投票と法的根拠はちがいますが、大阪府と大阪市の合体ですので、市町村合併に関する住民投票に似ているともいえます。しかし、市町村合併とはつぎの点で決定的にちがいます。

　平成の大合併の際の住民投票は、同じレベルの自治体同士、つまり基礎自治体同士の合併に関するものでした。たとえていえば、お隣同士の市町村が結婚するかどうかを決めるための住民投票でした。しかし今回は、広域自治体と基礎自治体というレベルのちがう自治体の合体、つまり大阪市という基礎自治体をいったん廃止し、広域自治体・大阪府に吸収し、他方で、東大阪市、高槻市、豊中市なみの規模・権限をもった、5つの自立した「特別区」（基礎的自治体）を新たにつくろうとするものです。実際は自立した自治体どころか、一般市以下の特別区になりそうですが、そのことはさておき、上のたとえでいえば、いっぽうで結婚話を進めながら、同時にどういうかたちで離婚するかを決めるようなものです。大阪市民ならずとも、わかりにくい話であることは当然です。

　こうしたレベルのちがう自治体を合体させるというのは、日本ではもちろんのこと、世界的にも例がないはずです。東京都がそうで

はないか、といわれそうですが、東京府と東京市が合体し東京都が誕生したのは、はるか70年前の昭和18年、第二次世界大戦の混乱のさなか、帝都防衛のため強制されたものであり、今回の住民投票と同列で考えることはできません。

さて、分かりにくさは住民投票にいたる経過からもきています。これが、今回の住民投票をわかりにくく、かつ特異なものにしている2つ目の要因です。

今回の住民投票は、先の大都市地域特別区法にもとづくものですが、同法は、住民投票の実施にいたる手続として、2つの「関所」を設けています。1つは、大阪市廃止・分割の設計書の作成段階における関所です。2つは、設計書に対する大阪府議会・大阪市議会での承認という関所です。

この二つの関所をスムーズに通過した後の住民投票であれば理解されやすいのですが、実際は、極めて不規則バウンドをして2つの関所を通過したため、住民投票のもつ意味、重みが大きく変わってしまいました。どのような不規則バウンドであったか、以下にその経緯を簡潔に説明しておきます。

維新単独の設計図のまま住民投票に

大阪市廃止・分割案については、先の大都市地域特別区法にもとづき、2013年2月から大阪府知事・市長および府・市議会の代表による「法定協議会」で話し合われてきました。手続を大まかに説明しますと、この法定協議会で大阪市廃止・分割の設計図をまとめ、府・市議会でその案を採択したのち、大阪市民による住民投票で最終的な決定となります。法律では、その設計図のことを「協定書」

といいますが、法定協議会で、橋下・維新の会とそれ以外の４会派との間で、その内容に関し合意にいたりませんでした。

　なぜ、「協定書」は合意できなかったのでしょうか。橋下・維新の会のいう大阪都構想は当初、大阪市域のみならず堺市など周辺市を巻き込んで、中核市並み（一般の市より少し強い権限をもつ市）の事務権限・財源をもった「特別区」を設置し、府・市再編で浮いた年間4,000億円ともいわれた根拠なき再編効果の見立てで、大阪の成長戦略を築こうというものでした。

　しかし、法定協議会で議論が深まるにつれ、その金額をふくめ構想そのものがいかに「机上の空論」にすぎないものか、しだいに明らかになってきました。また、それを証明するかのように、2013年９月の堺市長選挙で「堺はひとつ　堺をなくすな」のスローガンで、大阪都構想に反対する竹山市長が勝利しました。堺市を分割し、大阪府の内部団体に甘んじることを、堺市民が拒否したからです。

　さて、大都市地域特別区法による法定協議会の設置から今日までの大まかな経過は年表（**図表１**）のとおりです。昨年３月の橋下市長の出直し選挙後、維新の会のメンバーだけで再開された法定協議会でまとめられた「協定書」は、昨年10月、大阪府議会・大阪市議会で否決されました。

　大阪市廃止・分割のための「協定書」は、法定協議会の再開からわずか３週間で、しかも橋下・維新の会はそれ以外の会派の声に一切耳をかさず、維新単独で作成したものですから、府・市両議会での否決は当然でしょう。この両議会による「否決」によって、大阪市廃止・分割案は、実際は「終わった」ことになりました。しかし、昨年末に公明党は、大阪市廃止・分割には反対するものの、住民投

図表1　大阪市廃止・分割の「協定書」をめぐる経過

2013年
- 2月27日　大阪市廃止・分割の制度設計を話し合う法定協議会（法定協）初会合
- 9月29日　堺市長選挙で維新候補敗北、堺市の法定協不参加決定

2014年
- 1月31日　法定協での特別区区割り案絞込みに維新以外の野党4会派反対、松井知事が法定協閉鎖宣言
- 3月23日　橋下氏が出直し市長選挙で再選
- 3月28日　橋下市長が浅田法定協会長に委員差し替え要求
- 6月27日　府議会運営委員会で自民・民主会派法定協委員排除、維新委員へ差し替え
- 7月3日　法定協が維新委員のみで再開
- 7月23日　維新委員のみの法定協、わずか6時間で大阪市廃止・分割の「協定書」（設計図）完成
- 9月25日　府議会で「協定書」議案の審議開始
- 10月1日　市議会で「協定書」議案の審議開始
- 10月27日　府・市両議会で「協定書」議案否決廃案
- 12月26日　公明党が大阪市廃止・分割を問う住民投票容認へ方針転換
- 12月30日　法定協「再開」

2015年
- 1月13日　法定協で維新・公明賛成多数でほぼ無修正のまま「協定書」可決
- 3月　府・市両議会で維新・公明賛成多数で「協定書」可決成立の見込み
- 5月17日　大阪市民に対する大阪市廃止・分割を問う住民投票実施の見込み

票の実施には賛成という方針に突然転換したことで、協定書は、維新単独で作成された内容のままで生き返ることになりました。それをうけ、住民投票の実施にむけた動きが活発になってきました。投票日は4月の府議会・市議会議員選挙後の5月17日の予定です。

なお、大阪都構想の発端から今年２月段階までのくわしい経過については、この年表にくわえ「区割りの経緯と問題」の項(**その１－１**)をお読みください。

遮眼帯をかけた競走馬を追い立てるがごとき光景
　いわゆる大阪都構想は、広域自治体・大阪府と基礎自治体・大阪市という機能のちがう自治体を合体させ、行政のしくみを根底から、しかも短期的に一気に変えようとする試みです。いうまでもありませんが、住民の生存・生活に密接にかかわる政治行政制度の廃止ないし変更は、商品の買い替えとは訳がちがいます。
　大阪市の廃止・分割とは、現に動いている、機能の異なる二つの行政システムを根本的に変更するわけですから、当然のこととして変更にともなうリスク、さらに移行のプロセスで起こるであろう種々の課題やトラブルをあらかじめ予測しておくことは常識です。しかも、設計案どおりに事が運ばなかったとき、元に戻して「大阪市」を復活させる法律はありませんので、制度変更にともなうリスクを最小限に抑える手立てを講じておくことは、政治家として最低限のモラルです。しかし、残念ながら橋下市長の言動から、こうしたリスク・マネジメントの配慮は聞こえてきません。
　橋下市長は、直接に大阪市民が「住民投票」で決着をつけるのだから、自治・分権による究極の民主主義だといわんばかりですが、はたしてそうでしょうか。「情報の公開なければ参加なし」といわれるように、住民投票の前提にはメリット・デメリットに関する情報提供が不可欠です。ましてや大阪市民の日常生活にストレートに影響をもたらす決定をおこなう訳ですから、なおさらです。デメリッ

トも含めた多角的な観点から、徹底した情報公開・提供があってはじめて、大阪市民が冷静に判断できる条件が整います。

　いいことづくめの情報公開・提供は、実際は情報操作の典型であり、そのやり口は、遮眼帯をかけた競走馬を先へ先へと追い立てる光景にどこか似ています。リスク・マネジメントとは、損害を最小にとどめるための方策を事前に準備しておくことですから、会社経営でいえばリスクヘッジを意味します。政治にあっては、賛成・反対にとらわれず、丁寧に市民の意見を聞くこと、議会において多角的な観点から議論を尽くしておくこと、これが市民の生存・生活に責任をもつ「政治」における最低限のリスクヘッジです。しかし、そうした作業は非効率といわんばかりに無視し、後戻りのきかない制度を１回の住民投票で決着をつけようとする政治手法のどこが自治・分権であり、民主主義の理念にかなうのでしょうか。

住所表記から見えてくる特別区の姿

　本書は、大阪市の有権者のみなさんが迷いのない選択ができるよう、「協定書」の問題点をわかりやすく解説するためにつくったブックレットです。とは言っても、もともとレベルの違う自治体を合体させるという類例のない構想ですので、協定書の中身を的確に理解するのは簡単ではありません。その意味で本書の目的は、わかりにくいポイントはどこなのか、そこに焦点をあて、論点を整理した本ということになります。

　本書は、４章構成になっていますが、内容的には大きく２つになります。１つは、協定書の内容である区割り、事務分担、議員・職員の規模、税源配分・財政調整、府・区協議会のしくみ、さらに特

別区設置にともなうコストなどを検討し、問題となるポイントを整理しています。目次では「**その１、その２、その３**」になります。目次の言葉が端的にしめしているように、協定書からみえてくる特別区の姿は、橋下・維新の会のいう美辞麗句にほど遠いものです。

　２つは、住民投票に臨むにあたっての基礎知識の提供です。目次では「**その４**」です。大阪市の廃止・分割がいかに多くの問題点をはらみ、大阪市民に不利益をもたらす設計案であったとして、投票を棄権すれば、後戻りのできない、大阪の将来に大きな禍根を残す事態になる惧れ十分です。そのリスクを回避するために、住民投票で一票を投ずることの意味・重みについて考えてみました。

　「協定書」の個々の問題点については、「**その１〜その３**」にゆずりますが、ここでは、大阪市廃止・分割がどのような理屈だてで成り立っているのか、全体をつらぬく考え方について、簡潔にのべておきます。

　その発想は、「区割り」の考え方に象徴されているように思います。「区割り」（**その１－１**）では、誰が、どういう考え方ないし基準で区割り案を決めたのか、その経緯がわかりやすく整理されています。区割りは大都市局という「司令塔」に集められた府・市のエリート役人による「上から目線」で考案されたことは明らかで、大阪市民の意向は一顧だにされていません。

　「区割り」の項で、いみじくも述べているように、大阪市域を一枚の無地の布に見立て、その布を人口推計、交通網、都市施設の集積等をモノサシに、機械的に５つに分割＝裁断したのが特別区というわけです。その下に、どのような色柄をもった地域の歴史、文化、人々の暮らしがあるか、といったことは全く無視されています。

大阪市民の皆さん。分割案の地図（**図表2**〔23頁〕参照）を見ながら、いま自分が住んでいる住所を口に出してみてください。すぐわかることは、大阪府を頭に冠しなければ自分がどこに住んでいるのか、説明が難しくなるということです。名は体を表すとおり、大阪府を頭に冠しなければわかりにくい住所表記から、特別区がどのような自治体なのか、実像が浮かび上がってきそうです。高みからの目線で分割された特別区の先には、大阪府に依存しなければ立ち行かない、大阪府の内部団体といったほうが正確な、中途半端な特別区の姿がみえてきます。そのしくみが、事務分担、税源配分と財政調整のなかに、集中的に組み込まれています。

大阪府による特別区の分割統治がはじまる

　大阪市の廃止・分割によって、他の自治体にはない財源や事務権限が新たに与えられるわけではありません（**その1－2参照**）。あくまで現在の大阪市がもっている事務権限・財源を、広域自治体・大阪府と基礎自治体・特別区に分割するわけですから、両者は一見、ゼロ・サムの関係にみえます。ゼロ・サム関係であれば、分割によって一方が利益を得る分、他方は同じだけ損をうけますが、両者をあわせればプラス・マイナスゼロです。ここから、どこに財源・権限が移ろうと、トータルではプラス・マイナスゼロになるのだから、事務分担・財源の配分は所詮、役所内部の話にすぎず、大阪市民が受け取る利益はなんら変わらない、という理屈が出てきそうです。しかし、そうした論理が大阪市廃止・分割の真実を隠すトリックにすぎないことが、事務分担や財源配分・財政調整のしくみを通して、鮮明に浮かび上がってきます。

事務分担、税源配分・財政調整、府・区協議会のしくみは、東京都・区制度がモデルです。しかし、本書をお読みいただけば、東京都・区制度と大阪市廃止・分割とは似て非なるものだということがわかります。端的にいえば、富裕自治体・東京と多額の地方交付税に依存しなければ成り立たない大阪府・大阪市のちがいです（50頁参照）。同じ制度でありながら、富裕自治体では隠れている制度矛盾が大阪ではストレートに表面化してきます。その矛盾を糊塗するため、大阪府による特別区の分割統治がはじまってきます。「税源配分と財政調整」（その2－1）が指摘するように、財布のひもは、しっかり大阪府に握られているからです。

　事務分担はどうでしょうか。橋下・維新の会は、大阪市の廃止・分割によって、府・市の二重行政を解消すると声高にいってきました。しかし二重行政の解消がいかに見かけ倒しにすぎないか、事務分担案からわかってきます（「『二重行政』解消の虚と実」の項〔36頁〕参照）。大阪府と特別区の間の事務分担の仕切りは大きく2つ―①経済成長戦略に使えるか否か、②広域的サービスか狭域的サービスかで決められています。この基準で、都市計画権限、広域交通・道路網、港湾、企業支援、公園（広域防災拠点）、消防等々が大阪府に移管されます。一方、市民生活に密着した行政サービス―保育・子育て支援、高齢者福祉、義務教育等々が特別区です。この仕切りにより、二重行政を解消しようという訳ですが、税源配分・財政調整と同じく、行政制度を単純な二分法で裁断する発想の限界がみえてきます。

　本書では、事務分担の問題点について、①特別区におけるまちづくり権限の縮小と、②財政規模で 6,400 億円にものぼる巨大な一部

事務組合の誕生を中心に検討しています。人口70万人近い人口を擁しながら、一般市がもっているまちづくり権限すら持ち合わせていない特別区の貧弱な姿。その一方で、相互に関連のない多種多様な事務を共同処理するための組織として、巨大な一部事務組合が出現する訳ですから、現在の大阪市行政の意思決定システムと比べ、複雑で非効率な「三重行政」の体制ができあがります。

　この複雑かつ非効率な行政システムを効率よく統括するために、くりかえしますが、大阪府による分割統治が進行することは容易に想像できます。大阪市廃止・分割後、大阪府と特別区の間で財政・事務分担を調整するため設けられる「大阪府・特別区協議会（仮称）」（その2-2）が、この分割統治を永続させるための装置になるのは確実でしょう。

　橋下市長は、特別区を「ニア・イズ・ベター」つまり自治・分権の理念にかなう自治体だと主張しています。しかし実像は、その理念とはおよそ正反対の、大阪府による集権体制の強化、いいかえれば巨大な大阪府と貧弱な特別区の姿がみえてきます。

立ち止まって、もう一度冷静に考えてみましょう

　大阪市廃止・分割案の全体をつらぬく考え方の一端について、のべてきました。以上指摘してきたような問題があるにもかかわらず、なぜ、大阪市を廃止・分割して「特別区」をつくらなければならないのでしょうか。疑問はふくらむばかりです。

　破壊することは、創造することに比べ圧倒的に容易です。これは、ある本から引いた言葉ですが、まさにその通りです。「**その3**」で特別区設置にともなう財政効果とコストを比較していますが、微々

たる効果額にくらべ、大阪市廃止・分割に必要な経費は、おそらく橋下・維新の会がしめす額では収まらないでしょう。いっぽう、破壊された制度を回復するには、破壊の何十倍、場合によっては何百倍の時間、エネルギー、費用が必要になってきます。その「無駄」をいかに食い止めることができるのか、否か。これが5月17日に予定されている住民投票のもつ、究極の選択肢ではないでしょうか。

　大阪市の有権者の皆さん、大阪市の廃止・分割はほんとうに必要なのでしょうか。いま一度立ち止まって、冷静に考えてみてください。

　なお、本書の最後に、巻末資料としてⅠ「**特別区設置協定書の要旨**」、Ⅱ「**大阪特別区一部事務組合（仮称）で共同処理する事務**」にくわえて、Ⅲ「**特別区設置協定書に対する市会各会派の反対討論**」を掲載しておきました。大阪市廃止・分割に対する反対の意思は、公明党、自民党、民主党（OSAKAみらい）、共産党とも一貫して変わっていません。あわせ参考にしてください。

その1　貧弱な特別区ができる

1　区割りの経緯と問題／大阪市民に意見表明の機会なし

区割りの前史

　読売新聞は5年前の2010年3月25日、以下のように報じました。

　大阪府の橋下知事をトップに4月に旗揚げする地域政党「大阪維新の会」が訴えの柱とする「大阪都構想」案が24日、判明した。／全府域を「大阪都」とし、大阪市と堺市を分割して周辺9市とともに計20の「都区」（仮称）に再編。東京都と23特別区のように、各市の広域行政機能を新都に集約し、各都区には公選制の区長と区議会を置くとしている。5年以内の実現を目指す。／同会が掲げる構想では、大阪都は産業基盤整備や広域調整を担い、都区は人口30万人程度の基礎自治体として市民生活を守る機能を持たせる。具体的には、大阪市（約260万人）は、現在24ある区を2〜4ずつ合併して8都区に、堺市（約84万人）は7区を3都区に再編。豊中、吹田、八尾、松原、大東、門真、摂津、東大阪の9市もそれぞれ都区に衣替えさせるとしている。（後略）[1]

　当時は大阪市域を8区に分割する区割り案を新聞各紙が掲載しました。一例を示すと、毎日新聞は2010年5月22日、図のような

---

[1] http://web.archive.org/web/20100329001703/www.yomiuri.co.jp/politics/news/20100325-OYT1T00151.htm

区割り案を掲載しています。[2]

橋下徹知事（当時）及び大阪維新の会は、少なくとも「大阪都構想」を提唱した当初においては、大阪市を分割してつくる「都区」は「人口30万人程度」を目安に8区程度を考えていたことと、隣接10市も含めたより大規模な自治体再編計画を思い描いていたことがわかります。

「大阪都構想」を主要な政策として掲げ、結成された「大阪維新の会」は2011年4月の大阪府議会議員選挙、大阪市議会議員選挙に多くの候補者を擁立し、大阪府議会においては議席の過半数を確保、大阪市議会においても第1党に躍進しました。そして同年11月に実施された大阪市長選挙に府知事を辞職して橋下・大阪維新の会代表が出馬。同日選となった府知事には大阪維新の会幹事長の松井一郎府議が出馬し、ともに圧勝しました。その結果、それまでは

2　http://mainichi.jp/graph/2012/04/20/20120420k0000m010112000c/038.html

大阪維新の会の「公約」であった「大阪都構想」は、大阪府、大阪市における現実の政策課題になったといえます。

なお、周辺市の「大阪都構想」への参画について若干整理しておきますと、2011年4月の吹田市長選挙に大阪維新の会の公認候補として立候補し当選した井上哲也市長は、当選直後、大阪都構想について「基礎自治体の長として協力するが、吹田市を吹田区とする必要はない」と述べ（産経新聞2011年4月25日[3]）、不参加を表明します。事実、橋下市長や松井知事から井上市長に対する強い参加要請はなかったようです。また、それ以外の一般市に対しても「大阪都構想」への参加を呼び掛ける申し入れが、橋下市長や松井知事から各市の首長や議会に対してなされた形跡は見られません。ただ一つの例外は2013年9月の堺市長選挙で、現職の竹山修身市長が「大阪都構想反対」を掲げて立候補し、推進派の大阪維新の会公認候補を大差で破り再選をはたしたことです。この結果、「大阪都構想」は大阪市域のみを対象にした、大阪市を廃止し、特別区に分割する制度改革案に限定されることになります。

「区割り案」をめぐる議論の経緯

当選をはたした橋下市長と松井知事は2011年12月27日、大阪府市統合本部を設置。大阪府議会・大阪市議会において「大阪にふさわしい大都市制度の推進に関する条例」を制定し、この条例に基づき2012年4月27日に「大阪にふさわしい大都市制度推進協議会」（以下、条例協議会と略）を設置しました。

3　http://sankei.jp.msn.com/politics/news/110425/elc11042512030033-n1.htm

第1回条例協議会においては、自民党の委員が早期に「区割り案」の提示を求めたのに対して、橋下市長は「…この公募区長に1年間かけて3案大体決めてもらいたいと。それは市民の皆さんの声をしっかりと聞いて案を作らなければいけませんから、ただ、1案にまとめるというのが無理であれば、3案ぐらい作ってもらって、最後、決定するのは僕なり市議会なりが決めますけれども、それはやっぱり時間がかかります」[4] などとして、早期の区割り案の提案に難色を示しました。

　実際の「区割り案」検討作業は、2012年2月に設置された「『新たな区』移行プロジェクト会議」において行われました。この会議は同年11月まで全部で9回開催され、この第9回プロジェクト会議で取りまとめられたのが、7区（北・中央分離）案、7区（北・中央合体）案、5区（北・中央分離）案、5区（北・中央合体）案の4案です。しかし、この検討作業は橋下市長の条例協議会での発言とは裏腹に、取りまとめの段階においても、出席した区長の一人が「この間、実は、例えば、区民の皆さんに各区長が意見を聞いているかと言うと、そういうのは一切していません」[5] と発言するなど、行政主導の検討作業であったことは否めません。また、プロジェクトのメンバーで、当時、大阪市特別顧問であった金井利之・東京大学教授は、欠席した第9回プロジェクト会議に「意見」を寄せ、「基礎自治体を担うという観点からは、区民に密着したサービスを考えると、区域内の拠点から何分間で車や自転車で移動できるかという

---

[4] http://www.city.osaka.lg.jp/toshiseidokaikakushitsu/cmsfiles/contents/0000167/167190/gijiroku.pdf
[5] http://www.city.osaka.lg.jp/shimin/cmsfiles/contents/0000159/159349/09kaigiroku.pdf

ような、生活圏域の実感が欲しい」「『やさしい区』による区民生活サービスの充実というよりは、区という小さな単位での開発プロジェクトばかり考えているのではないか」など、プロジェクト会議の「区割り案」に対する疑義を表明しています[6]。

舞台は特別区設置協議会へ

　一方で橋下市長は「大阪都構想」の実現には法律改正が必要なことから、「大阪維新の会」の国政進出への意欲もにじませながら、国政政党へのはたらきかけを強めました。その結果、2012年8月29日、「大都市地域特別区設置法」が議員立法として成立します。この法律は人口200万人以上の指定都市（及び隣接市町村）が指定都市（及び市町村）を廃止して、特別区を設置するための手続きを規定した法律で、特別区を設置しようとする道府県と関係市町村は特別区設置協議会を設置して、「特別区設置協定書」を作成することなど、具体的に手続きが規定されました[7]。これを受けて橋下市長らは、この法律に基づく特別区設置協議会の立ち上げを急ぎます。

　9月10日に開催された第6回条例協議会において、大阪維新の会の委員が法に基づく特別区設置協議会（以下、法定協議会と略）の設置を前提に、条例協議会を廃止する動議を行い、大阪維新の会と公明党の賛成で可決されます。ただし、その際、条例協議会に提出すると約していた「区割り案」については第7回条例協議会を開催して示すことが決定されました。前述の通り11月の「新たな

6　http://www.city.osaka.lg.jp/shimin/cmsfiles/contents/0000159/159349/09shiryou1-2.pdf
7　同法については『いま、なぜ大阪市の消滅なのか』（大阪の自治を考える研究会編著、公人の友社、2013年）参照

区」移行プロジェクト会議での「区割り案」のとりまとめを受けて、2013年1月18日に開催された第7回条例協議会に「追加資料」として、「区割り試案」[8]が提出されます。しかし、「区割り案」の内容についての議論は行われず、改めて条例協議会の廃止が提案され、大阪維新の会と公明党の委員の賛成により可決され、議論の舞台は法定協議会に移ることになります。

なお、興味深いことに橋下市長は「区割り案」の説明の際、「さらに、文章化しておりませんが、住之江区の咲洲地区を分けて臨海部のほうにつけるべきでないかという思いもありまして、それはまだ正式な4案の中としてはお出しはしていませんけれども、そういう考え方もご検討をいただきたいと思っております」と発言しています[9]。後日、この発言通り、「区割り案」の修正がなされますが、既にこの段階でその思いを抱いていたことが分かります。

橋下・維新の会単独の案で確定

第1回法定協議会は2013年2月27日に開催されます。ここに第7回条例協議会と同じ4案の「区割り案」が提出されます。しかし、法定協議会での議論は、協定書に盛り込むべき事務分担や税源配分・財政調整、職員体制など特別区の制度設計に関する議論が先行し、「区割り案」の精査や絞り込みの議論にはなかなか進みませんでした。特に8月9日に制度設計の全容を整理したいわゆる「パッケージ案」が示されて以降は、財政効果の少なさや特別区の財政シミュ

8　http://www.city.osaka.lg.jp/toshiseidokaikakushitsu/cmsfiles/contents/0000201/201821/02siryou1.pdf
9　http://www.city.osaka.lg.jp/toshiseidokaikakushitsu/cmsfiles/contents/0000201/201821/gijiroku.pdf

レーションの問題が焦点化し、議論は膠着します。

2015年度からの特別区設置(いわゆる「大阪都構想」の実現)に固執する橋下市長は、進捗しない議論に業を煮やし、2014年1月17日に開催された第11回法定協議会において、「5区、北・中央分離案」への絞り込みを提案。1月31日に開催された第12回法定協議会で採決に付されたが、「区割り案」の絞り込みについては時期尚早であると、自民、民主・みらい、共産の各会派に加えて公明も反対に回り、否決されました。この決定を不満とした橋下市長は、同日に市長を辞職し、「出直し選挙」に出馬する旨表明。大阪維新の会を除く4会派が「大義のない選挙」と候補者擁立を見送るなか、3月に実施された大阪市長選挙で、橋下市長は投票率23.59%という史上最低の投票率で再選を果たしました。再選後、橋下市長は「民意を得た」として、法定協議会から自民、公明、民主・みらい、共産の委員を排除し、大阪維新の会の委員のみで強引に「協定書案」のとりまとめを進めました。

大阪維新の会単独の法定協議会において、「特別区設置の日」を2017年4月1日に2年間先延ばしをするなど重大な内容変更がいくつかなされますが、「区割り案」について言えば、7月3日に開催した第14回法定協議会で、市域西部の特別区に入っていた福島区を市域北部の特別区に変更し、市域西部に入っていた住之江区を咲洲・南港エリアのみを西部に残し、他を市域南部の特別区に入れる修正提案を橋下市長が行い、さしたる議論もなく了承されました。

数々の疑問点が浮かぶ

　この結果、概ね50万人程度に均衡していた各特別区の人口は、60万人を超える特別区が2区でき、最大約69万人、最小約34万人と2倍を超える人口規模の格差を生むことになりました[10]。また、「特別区の名称」については7月9日開催の第15回法定協議会で、大都市局が事務局案として「東区」「西区」「南区」「北区」「中央区」とする提案をしたのに対し、委員から旧西区が中央区に入ることなどを理由に、「西区」は「湾岸区」とすべきとの意見が出され、これもさしたる議論のないまま了承されました。また、「北区」「中央区」は東京都の特別区に同じ名称の特別区が存在することから、当該区と協議を行ったところ、特に中央区長からは「慎重なる取り扱い」を求める文書[11]が浅田法定協議会会長宛に寄せられましたが、橋下市長は行政区の名称としては存在するとして一蹴しました[12]。

　こうして決定された区割り案は**図表2**のとおりです。

　また、特別区の特徴的な指標を**図表3**に整理してみました[13]。こうして見ると、例えば南区は、人口が最も多いのに税収は少なく、生活保護世帯など福祉ニーズは高い。市営住宅（特別区設置後は区営住宅となる）の多さは、維持管理費がかさむとともに低所得層を呼び込む可能性を高めることが予想されます。鉄道駅の数は多いが、東西に広がる区域にもかかわらず、中心部に向けて南北に延びる路

10　http://www.city.osaka.lg.jp/toshiseidokaikakushitsu/cmsfiles/contents/0000250/250559/2.pdf
11　http://www.city.osaka.lg.jp/toshiseidokaikakushitsu/cmsfiles/contents/0000275/275299/shiryou2.pdf
12　http://www.city.osaka.lg.jp/toshiseidokaikakushitsu/cmsfiles/contents/0000275/275299/gijiroku.pdf
13　http://www.city.osaka.lg.jp/toshiseidokaikakushitsu/cmsfiles/contents/0000275/275299/shiryou5.pdf より整理。

その1　貧弱な特別区ができる

図表2　協定書の大阪市廃止・分割案

	北区	湾岸区	東区	南区	中央区	現大阪市
人口	628,977	343,986	583,709	693,405	415,237	2,665,314
区議会議員数	19	12	19	23	13	86
府議会議員数	7	4	6	6	5	28（総数88）

注）人口は2010年度国勢調査。府議会議員数は現在の行政区ごとの議員数の単純合計。

図表3　各特別区の特徴的な指標

特別区名	北区	湾岸区	東区	南区	中央区
面積	46.94㎢	58.39㎢	35.81㎢	50.73㎢	30.60㎢
調整前税収	169,466百万円	66,365百万円	89,635百万円	115,019百万円	176,766百万円
特別区税（自主財源）	56,550百万円	23,983百万円	40,187百万円	49,581百万円	44,041百万円
生活保護人員	24,990人	16,589人	27,313人	41,285人	39,821人
生活保護率	39.2‰	48.6‰	47.0‰	59.8‰	93.3‰
市営住宅戸数	19,563戸	18,390戸	17,702戸	37,433戸	8,012戸
鉄道駅数	55駅	25駅	27駅	56駅	72駅

線が主で、区内の移動の利便性は低いことなど、ひとつのまとまった自治体として見たとき、問題は多いと思われます。同様の課題は東区においても指摘できます。

　湾岸区は、南海トラフ地震の被害予測が拡大する中で、防災対策の推進が求められますが、税収は少なく、そもそも防災対策は府の所管となり、区民の最大関心事に区政は責任ある対応ができなくなる可能性が大です。北区や中央区は河川や都市における機能、歴史的文化性において区内が分断される可能性が高く、ひとつの自治体としての統一性を醸成できるのか、疑問なしとしません。

住居表示が象徴するもの

　以上のような紆余曲折を経て「特別区設置協定書」の「区割り案（特別区の名称及び区域）」は確定しました。振り返ってみれば「区割り案」を含む協定書は、大都市局による行政主導で取りまとめられ、異論や反論を表明した会派の委員が排除される形で集約されました。とりわけ「区割り案」は、大阪市民にとっては、大阪市廃止の後、

自分がどこの基礎自治体に居住することになるのかという極めて重要な課題であるにもかかわらず、大阪市民には意見表明の機会がほとんど与えられませんでした。

　今回の区割り案は、区の名前も含め、大都市局という「司令塔」に集まった府・市のエリート官僚によって、「上から目線」で設計主義的に考案されたものといえます。市民の意向は一顧だにされませんでした。そのことの問題性をわかりやすい例で話してみます。最もわかりやすいのは住所表記です。たとえば、いま淀川区に住んでいる人は、大阪市淀川区○○町ですが、大阪市が廃止・分割されますと、大阪府北区○○町になります。阿倍野区ですと大阪府南区○○町です。ちなみに町名の頭に消失する行政区名を冠する案が議論されていますが、未定で、ご都合主義の感が否めません。一方では「大阪府湾岸区西淀川御幣島○丁目○番地○号」という長い住所ができ、一方では「大阪府北区梅田○丁目○番地○号」でいいというのですから、はたして市民が納得するか疑問です。

　新たに設置される５つの特別区は、一般の市町村より多くの権限をもつ「中核市並み」の自治体だという触れ込みです。大阪府内には３つの中核市（東大阪市、高槻市、豊中市）がありますが、これら３つの自治体は、上にわざわざ大阪府という名を冠しなくとも、名前を聞いただけで、大阪のどのあたりに位置し、どういう特徴をもった都市であるか、イメージできます。設計図（協定書）で参考にされた尼崎市、西宮市もしかりです。

　では、新設される大阪の特別区の場合はどうでしょうか。北区・東区・中央区・南区だけではどこの住所表記なのか、さっぱりわかりません。つねに「大阪府」という名を頭に冠しなければ、大阪の

特別区かどうか判別できません。もう一つ湾岸区がありますが、道路標示にまちがえられそうな区名です。

　誰がこうした無味乾燥な命名をしたのか不明ですが、区割りに関わった人たちの発想、目線が透けて見えるような気がします。その考え方を想像すれば、こんな感じでしょうか。大阪市域を一枚の無地の布にみたて、その布を人口推計、交通網、都市施設の集積等をモノサシにして、機械的に5つに分割したのが特別区というわけです。その下に、どのような色柄をもった地域の歴史、文化、人々の暮らしがあるのか、といったことは一切かまわず、高みから画一的に分割したことが容易にわかる区名ばかりです。

　名は体を表すといいますが、大阪府を上に冠しなければわからない住所表記から、特別区がどのような自治体なのか、実像が浮かび上がってきます。結論からいいますと、つねに大阪府に依存しなければ成り立たない、大阪府の内部団体といったほうが正確な中途半端な自治体、それが大阪の特別区の姿です。

何よりも正確な情報提供を

　この「区割り案」を含む「特別区設置協定書」は2014年10月27日、大阪府議会および大阪市議会において大阪維新の会以外の反対で否決されます。しかし、12月末に、法定協議会を再開することを条件に、住民投票の実施まで協力することで大阪維新の会と公明党が合意し、再開された法定協議会で否決された協定書とほぼ同じ内容の協定書案が大阪維新の会と公明党の賛成で可決されました。

　その後、3月13日に大阪市議会で、3月17日に大阪府議会で議決に付され、ここでも両会派の賛成で可決される見通しです。これ

に伴い大阪市を廃止し、特別区の設置の賛否を問う住民投票が5月17日にも実施される情勢です。この住民投票は、協定書に示された内容での特別区設置に「賛成」するか、「反対」するかを問うものであり、「区割り案」を含めて部分的に賛否を表明できるものではありません。

　2月7日から8日にかけて朝日新聞と朝日放送が大阪市民を対象に行った電話による世論調査において、「特別区の区割り案を知っていますか」という質問に対する43%の市民が「知らない」と回答しています。また、「知っている」と回答した53%の市民のうち50%（全体の27%）の人が「納得できない」と回答しています（「納得できる」は31%（全体の16%））[14]。つまり大阪市民の43%が「区割り案」すら知らされておらず、27%は知った上で納得できないと感じているということです。

　図表3に示したように、特別区間の税収や生活基盤、福祉ニーズにも少なくない格差が存在します。橋下市長も力説するように、特別区は、区民によって選挙で選出される区長と区議会議員をもった基礎的自治体です。特別区民の代表機関である区長や区議会議員が有権者である区民の利益を守ろうとすればするほど、対大阪府だけでなく特別区相互の利害調整も難航すると予測されます。しかも大阪府・市ともに地方交付税の交付団体であり、東京都と東京23区のような潤沢な税収はありません。特別区の自主財源に限れば「北区」や「中央区」といえども極めて脆弱です。

　特別区設置法はあくまでも指定都市を廃止して、特別区に分割す

14　http://www.asahi.com/articles/ASH2935ZLH29PTIL008.html

るための手続法にすぎません。いったん特別区に分割された指定都市を元に戻す法律はありませんし、特別区の区域の変更もできません。住民投票で市民が冷静な判断をするためには、何よりも正確な情報提供が必要です。

2　事務分担が引き起こす不都合な真実

　特別区設置協定書には、大阪市を廃止して5分割する特別区の名称と区域、特別区設置の日、議員定数、事務分担、税源配分と財政調整、財産処分、職員の移管などの事項が書かれています（**巻末資料Ⅰ参照**）。

なぜ必要な法令改正ができなかったのか
　大阪府と特別区との事務分担によれば、大阪府の仕事が99％温存される一方で、大阪市役所は劇的に解体されます。現在の仕事の約1割が大阪府に吸い上げられ、約8割の事務が新設される特別区に分割されることになります。

　その結果、都市計画権限、広域道路網の整備、港湾、下水道、市立高校・市立大学、消防などが大阪府の事務になり、特別区には、一般市が担う保育所の設置・運営などの子育て支援や生活保護などの事務、中核市が担う保健所などの事務、さらには指定都市が担う児童相談所などの事務も担わせるとしています。

　特別区に「中核市並み」の事務権限、さらには指定都市がもつ事務権限をも担わせようとするのであれば、本来なら、大都市地域特別区法に基づく法令改正による明確な位置づけが必要となります。法律では、そのための総務大臣との事前協議も義務づけられています。しかも法定協議会では、事務分担のための新たな法令改正について、「（国における）理解が進みつつあり、中核市権限（76法令）までは法令改正で対応する方向で調整している」（第13回法定協議

会資料・2014年1月31日）と報告していました。しかし、結果的には1件の法令改正も実現できていません。

　法定協議会の途中までは「（国における）理解が進みつつある」としていた76件もの法令改正が、なぜ1件も実現することができなかったのでしょうか。協定書を突貫工事でつくったために法令改正が間に合わなかったのか、橋下市長らの「暴走」（突然の市長辞任と出直し選挙、法定協議会からの他会派委員を排除など）に中央各省庁の腰が引けたのか、その真相はまったく不明です。

　維新単独で開催された、2014年7月3日の法定協議会では、事務局から、法令改正を必要としない現行の都の特例部分を除き、特別区と府との事務分担のための、新たな法制上の措置が講じられないことが「口頭」で報告され、橋下委員の「法令改正でやるか、事務処理特例条例でやるかは手段の違いであって、こだわる必要がない」との発言以外特段の議論がないまま終了。その後現在まで、橋下市長はもとより関係者のだれからも一切説明がありません。

　大阪府・市（大都市局）は、もともと大阪府と特別区の事務分担に府の事務処理特例条例を活用することになれば、次のような問題が生じるため、国に対して、大都市地域特別区法に基づく法令改正による対応を基本とすべきと主張していました。

　①地方交付税法上は広域自治体の事務のままなので、事務処理の実態にあった算定がなされない。
　②事務配分に応じた財政調整制度との整合性が図れない。
　③事務処理特例交付金の支出に係る多くの事務が生じ、効率的な事務執行に逆行する。

　しかし結果は、府と特別区の事務分担のために必要な新たな法令

改正が1件も実現できないまま、協定書では、すべて大阪府の事務処理特例条例等を活用して対応すると変更しています。この結果、大阪府の事務が複雑化するとともに、個別事務ごとの地方交付税の算定や事務処理特例交付金の計算など、特別区の側からは不透明で見えにくく、大阪府の自由裁量が実態として広がる運用が行われることになります。後述しますが、大阪府・特別区間の財政調整の問題は特別区にとって基本中の基本ともいえる問題です。その最も重要な問題に関係する変更であるだけに、単なる運用レベルの問題として見過ごすわけにはいきません。

大阪府から押しつけられた事務配分

　大阪市が廃止された後に設置される特別区は、「中核市並み」の事務権限をもつとされています。しかし、その根拠は法令によって明確に位置づけられたわけではなく、あくまで大阪府の条例による事務処理特例制度や委任などによる事務移譲にすぎません。ということは、財政調整のみならず、事務権限の配分においても大阪府の裁量の幅が広がるしくみになっていることを意味します。

　事務処理特例制度そのものは、広域自治体から基礎自治体に事務を移譲する、地方分権の過渡的な制度として広く有効に活用されていますので、この制度自体に問題があるのではありません。現に大阪府では、市町村の申出と協議により、その規模・能力に応じて個別に事務が移譲されています。しかし、問題はこのような制度の趣旨を生かした事務移譲になっているかどうかです。特別区に移譲される事務が、たとえ中核市並みの事務であったとしても、特別区がもつ実際の規模や能力や住民の意向などとは関係なく、制度設計の

段階であらかじめ決めてしまうことが問題なのです。上から押し付けるかのように事務処理特例制度などを多用することは、これから設置する特別区の判断や住民自治を軽んじることになるからです。これでは、自治を大事にする視点もない、ただ形だけの「中核市並み」の特別区をつくることだけを優先した事務の分担であると言わざるをえません。

　このような発想で大阪市が一体的に処理している事務が大阪府と特別区に分けられ、さらに5つの特別区ごとに細分化されることによって、住民が戸惑ったり、市民生活に混乱が起こらないか、たいへん危惧されます。この問題は、後で述べます大阪府・特別区協議会（仮称）のあり方にも直結してきます（*その2-2*参照）。

　まちづくりの事務分担だけをみても、なぜ、これまで大阪市が持っていた大都市としての中枢機能や調整機能などをなくさなければならないのか、なぜ、住民に身近な総合性や独自性も発揮できない特別区を設置するのか、明らかではありません。十分な議論もなく、市民が理解し納得できる情報提供も不十分です。

単純な二分法が生む不都合な真実

　大阪府と特別区との事務分担の基準は大きく2つ―①経済成長戦略に使えるか否か、②広域的サービスか狭域的サービスかで決められています。しかし、行政権限を単純な二分法で裁断しようとする発想の限界がみえています。典型的な例を3点あげておきます。

　まず消防です。消防は大阪府に一元化されます。仮に、南海トラフ大地震が起きると想定して、災害対策基本法は市町村に防災対策の第一次的な責任を課していますので、市町村長はその権限を行使

して、住民の避難指示、警戒区域の設定などに全力をあげなければなりません。一方、大阪府知事は被害が府内全域に及ぶはずですから、府内全域の被害状況を見ながら、府民全体の被災状況の把握、国および市町村間の調整に責任をもちます。

　ところで大阪市廃止後は、知事は大阪市域の消防の指揮官でもありますので、大阪府域全体の指揮・調整にプラスして大阪市内住民の緊急事態にも直接責任をもたなければなりません。他方、特別区の区長はといえば、消防を指揮する権限はありませんから、府内の市町村長とはちがい、つねに知事の判断を仰ぎながら緊急事態に臨まなければなりません。誰が刻々変わる現場の状況に即応して判断を下すのでしょうか。消防行政の一元化から、危機管理をめぐる、これまでとは異なる二重行政、つまり大阪府域では府県機能、大阪市域では基礎自治体機能という、２つの顔をもった大阪府の矛盾した姿が浮かび上がってきます。

　次は道路行政です。大阪市内の道路は、路線数11,867、延長3,680キロメートル、面積33.5平方キロメートル（高速道路や国道指定区間を除く）となっています。これらの道路は、一般国道・府道・市道の３種類に分けられ、大阪市が管理しています。大阪市が廃止されれば、道路のほとんどを占める「市道」部分が特別区に移管されることになります。道路は、当然のことですが、行政の管理区分を超えてネットワークとして結ばれることで道路としての機能を果たします。これまで大阪市が一元管理していた「市道」が５つの特別区に「区道」として分担されれば、道路行政は二重行政の解消どころか、道路の維持管理や経費も含めて非効率かつ複雑な多重行政が出現することになります。

さて、道路行政は、特別区への「押しつけ」ですが、「まちづくり」は、逆に権限の吸い上げです（詳細は**その１－３「縮小・後退する『まちづくり』権限」**の項をご参照ください）。橋下市長は成長戦略の目玉商品として、カジノの誘致を上げています。ギャンブル施設であるカジノの誘致は大阪市民にとって賛否両論がありますが、カジノ導入の可否はもちろん、その施設をどの特別区・地域に設置するか、特別区長は都市計画上の権限をもっていません。地元住民からすれば、カジノという迷惑施設の場所決定について、特別区長に何ら権限はなく、区長はひたすら知事に要望することだけしかできません。

　まちづくり権限の吸い上げは他にもあります。土地利用計画の基礎になる用途地域の指定権限は大阪府がもちますので、70万人近い人口を擁する特別区といえども、駅前再開発、住宅地整備計画等々、特別区の骨格をつくるまちづくりの権限は、すべて大阪府の意向に従わざるをえなくなります。まちづくり権限における二重行政の解消は、特別区の姿をかぎりなく「ニア・イズ・ベター」の理念から遠ざけます。

複雑で、非効率な体制ができあがる

　設置される特別区では、5カ所の区役所（本庁）を新設するのにくわえて、現在の24カ所の区役所をそのまま残して特別区の支所とし、子育て支援・福祉事務所（分室）など現行区役所事務の約7割の事務を担わせるとしています。さらに、特別区が共同で設立する巨大な「一部事務組合」＝大阪特別区事務組合（仮称）を新設し、国民健康保険、介護保険事業、水道事業、情報システム管理、様々な福祉施設や中央体育館などの市民利用施設、急病診療所、斎場・

霊園の運営など、相互に関連性のない多くの事務を共同処理するとしています（**巻末資料Ⅱ参照**）。

　なお、システム管理は、経費上安いという理由で、7つの基幹システムのみとしていた当初案から150を超える全システムの共同管理へと変更されました。さらに、当初案では所在地の特別区が承継するとしていた、遊休地などの普通財産についても、この大阪特別区事務組合（仮称）が承継・管理し、その売却益を各特別区へ人口割りで配分するという変更を行っています。

　一部事務組合とは、自治体の事務の一部を共同処理するために複数の自治体が共同で設立する団体（特別地方公共団体）のことですが、大阪特別区事務組合（仮称）のように、多種多様な事務を共同処理する巨大組織は全国にも例がありません。たとえば東京23区でも、ごみの焼却処理工場を共同管理している「東京23区清掃一部事務組合」と職員の採用・研修や人事・給与などの事務を共同処理している「特別区人事・厚生事務組合」などがあるのみです。

　これだけの多種多様な事務を共同処理することになれば、脱退や解散することも困難で、将来、特定の特別区が一部の事務を独自で運営したいと思っても、実現は不可能に近いでしょう。5つの特別区と大阪特別区事務組合（仮称）はまさに運命共同体、脱退しようにも解散しようにもまったく身動きがとれない、なんとも不自由で、意思決定も複雑極まりない「自治体」の姿が、大阪市の廃止後につくられることになります。

　なお、一部事務組合については、「住民から遠く見えにくい」「市町村に対しては認められている住民の直接請求権が認められていない」「迅速な意思決定が困難」「個々の構成団体の意見が反映され

くい」など多くの問題点が指摘されていますが、どうやらこれらすべての問題を丸ごとかかえ込んだ巨大組織が出現しそうです。

　こうして特別区では、全体として5カ所の区役所（本庁）＋24カ所の支所＋巨大一部事務組合という、現在の大阪市行政の体制と比べて意思決定も複雑で、非効率な体制がつくられることになります。

　これが橋下市長の喧伝する「ニア・イズ・ベター」な特別区の真実の姿です。こんなものをつくるために、大阪市を廃止する必要など本当にあるのでしょうか。

「二重行政」解消の虚と実

　橋下市長や維新の会は、大阪府・市間には問題が多い「二重行政」が存在し、大阪市廃止・分割によってのみ、それが解消できると喧伝してきました。府・市間の問題の元凶が「二重行政」にあるとされてきたわけです。なかでも年間4,000億円の財源を浮かせることができるとした、第1回府市統合本部会議（2011年12月27日）での松井知事の発言（暴言）は、マスコミに何度も取り上げられましたので、ご記憶の方も多いでしょう。「二重行政」の解消により毎年4,000億円からの財源を生み出すことは最低ライン、これは政治の約束だと大見えを切っていました。

　府市統合本部が中心となって府・市間の「二重行政」の解消策が検討されてきたわけですが、精査した結果は、東京事務所や中小企業に金融支援を行う信用保証協会の統合などで、「約束」の4,000分の1、約1億円の効果額しかありませんでした。

　しかも「二重行政」の典型とされた、たとえば府立図書館と大阪市立中央図書館はどちらも利用者が多いという理由で存続すること

になり、同じ大阪市内にあって過剰とされた府立中央体育館と大阪市立中央体育館も、図書館と同様に利用者が多いということで存続になりました。これらは二重にあることが、府民・市民サービスの向上という面で、むしろのぞましいと評価されたことになります。

　また、府市の大都市局は、大阪市廃止・分割による財政効果を、特別区設置後17年間で2,634億円（年間平均155億円）と試算しています。しかし、この数字は大阪市廃止・分割とは何の関係もない、地下鉄の民営化やごみ収集の民営化、果ては移行後15〜20年の長期間に及ぶ特別区における職員削減の効果額まで目一杯盛り込んだ、あくまでこうあってほしいと願う希望的数字にすぎず、客観的根拠はありません。リストラ＝行政改革によるコスト削減のために、どうして大阪市の廃止・分割という大げさなことをしなければならないのか。冷静に考えれば、そこまでしなくても行政改革は十分できる話です。

　「二重行政」は府と市が協調し連携すれば解消できます。すでに府市統合本部を中心に、たとえ1億円程度とはいえ、「二重行政」の解消は進んできたと考えることもできるわけです。膨大な時間と労力、コストをかけて、大阪市を廃止しなければ解消できない二重行政などありません。逆に、膨大な時間と労力、コストをかけて、大阪市を廃止・分割することこそが壮大なムダであり浪費ではないでしょうか。

　自民党などが提案する「大阪版戦略調整会議」（府と大阪・堺両市の首長と議員が課題を話し合う組織）が設置されると、かつて府と市がバラバラに進めてきた政策、巨大ビル建設などの大型都市開発の失敗が繰り返されるおそれも軽減できるはずです。

3　縮小・後退する「まちづくり権限」

　大阪市廃止・分割案は、まちづくりの観点からみれば、何ら新しい大都市制度ではなく、東京の都区制度をそのまま参考にしたものに過ぎません。現在、大阪全体のまちづくりは、大阪都市圏の中枢である大阪市が大阪市域を担い、外側については大阪府と府内市町村が都市計画権限を分担して進めています。東京都・区では、都市としての広域的かつ一体的なまちづくりから、東京都が基礎自治体の都市計画権限である用途地域[1]などの権限をもって特別区の区域内におけるまちづくりを行っています。なお、後述しますが、東京23区は、市町村がもっているまちづくり権限を23区に移管するよう、東京都に申し入れしていることを書き添えておきます。ともあれ、この東京の都・区制度が、これからの大阪にとってふさわしいモデルなのか検討してみましょう。

都市計画権限が限定・縮小される
　東京の都区制度をそのまま適用すれば、当然、これまで培ってきた大阪市のまちづくりは一変することになります。まず、都道府県並みの都市計画権限をもつ大阪市は廃止・解体されます。次に、従前からの都道府県の都市計画権限にくわえ基礎自治体が有している用途地域などの都市計画権限までもつ大阪府ができ、広域かつ特別区単位のまちづくりに必要な権限を一挙に手にすることになりま

---

[1] 用途の混在を防ぐことを目的に住居・商業・工業その他の用途が適切な配分となるよう建築物の用途や形態等を制限する市街地の大枠の土地利用を定めた制度。実際の運用は建築基準法に定められている。

図表4　大阪府が特別区に「迷惑施設」(カジノなど)を建設するシミュレーション

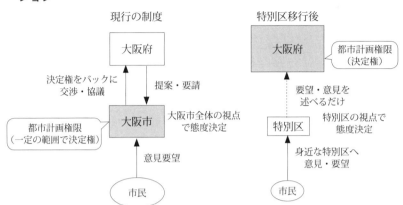

出所）澤井勝・村上弘・大阪市政調査会編『大阪都構想Q&Aと資料』(公人社刊、13ページ)より一部修正。

す。

　図表4をご覧ください。このシミュレーションをみてみますと、現行の制度では、市民の意見・要望が都市計画の決定権（一定範囲の決定権）を有する大阪市において循環しています。循環しているということは、住民参加によるまちづくりの回路が開けていることが意味します。しかし、東京都・区にならえば、特別区は大阪府に意見・要望を述べることはできますが、大阪府は意見・要望を聞き置くだけでも都市計画を決定できる構造になっています。主要な「まちづくり権限」の大阪府への吸収は、まちづくりにおける住民参加の道を大きく狭めることにつながってきます。

　以上のことを考えれば、公選の区長・議会をもつ特別区の設置は、一見分権的色合いをもっているように見えますが、全体としてみれば大阪府への権限集中、つまり集権化に資するものであることが読

み取れます。ちなみに橋下市長は最近の記者会見[2]で、地元の特別区長がカジノ誘致に反対した場合の対応を問われ、「協議はしていきますけれども、基本的には『大阪都』の話だ」とし、「権限も用途地域のところは『都』が持つことになっている」と述べた、と伝えられています。これからの大阪府と特別区、そして府と特別区民との関係のあり方を象徴する発言ではないでしょうか。

特別区は、一般の市町村が有している「まちづくり権限」が奪われ、住民から遠い存在である大阪府が特別区のまちづくりを行うことになるのです。住民に近い市町村へ「まちづくり権限」の移管が大きく進む時代状況に、明らかに逆行した動きです。

権限移譲の流れに取り残された特別区

さて、1990年代半ばに始まった地方分権改革により、地域のまちづくりを基礎自治体である市町村が主体的に行えるよう、都市計画権限の移譲が進められてきました。たとえば三大都市圏では都道府県の権限であった「用途地域」についても、市町村レベルまで移譲されてきました（図表5参照）。

こうした権限移譲によって、大阪市のような指定都市は、現在ほとんどの都市計画権限を有することになっており、さらに2014年に制定された第4次地方分権一括法によって、大阪都市計画区域の「都市計画区域マスタープランの決定」権限が移譲されることになりました。大阪市は、大阪都市計画区域においてこれまで以上に一体的なまちづくりができるようになったのです。

また、一般の市町村には、用途地域などの「地域区分」、土地区

2　2015年2月7日「赤旗」報道記事

図表5　都市計画の決定権者の主な区分

都市計画の内容			市町村決定	特別区決定	指定都市決定	都道府県決定
都市計画区域の整備・開発及び保全の方針						○
区域区分					○	○
都市再開発方針など3方針					○	○
地域地区	用途地域		○		○	(都○)
	特定街区		○	○ 1ha以下	○	(都○ 1ha超)
	都市再生特別地区				○	○
	臨港地区	国際戦略港湾・国際拠点港湾及び重点港湾	(○その他)	(○その他)	○	○
都市施設	道路	一般国道			○	○
		都道府県道			○	○
		その他道路	○	○	○	
		自動車専用道路 高速自動車国道				○
		自動車専用道路 阪神高速道路等				○
		自動車専用道路 その他			○	○
	都市高速鉄道				○	○
	公園・緑地	10ha以上 国設置				○
		10ha以上 都道府県設置			○	○
		その他	○	○	○	
	下水道	公共下水道 排水区域が2以上の市町村の区域				○
		公共下水道 その他	○	○	○	(都○)
		流域下水道				○
		その他	○	○	○	(都○)
市街地開発事業	土地区画整理事業	国・都道府県が施行する50ha以上	(○その他)	(○その他)	○	○
	市街地再開発事業	国・都道府県が施行する3ha以上	(○その他)	(○その他)	○	○
	住宅街区整備事業	国・都道府県が施行する20ha以上	(○その他)	(○その他)	○	○
地区計画等	地区計画		○	○ 3ha以下	○	(都○3ha超)
	沿道地区計画			○ 3ha以下		(都○3ha超)

(注) 市町村の都市計画決定に際して、市は都道府県知事協議、町村は知事同意が必要。
(資料) 大阪府都市整備部「都市計画決定権者」・東京都都市整備局「都市計画決定区分一覧」を参考に作成。

画整理や市街地再開発などの「市街地開発事業」、道路や公園などの「都市施設」などに関する都市計画権限が移譲されています。市町村においても、多様な都市問題を解決する手段として最も期待される都市計画の権限が拡大し、同時に都道府県の関与が縮小されることによって、これまでより一段と自由度の高いまちづくりができるようになっているのです。

　ところが、東京都・区では、前述のように、こうした地方分権の流れにあっても、市町村の都市計画権限である用途地域や特定街区（1ha超）、地区計画（3ha超）などの都市計画[3]については、特別区の権限ではなく東京都の権限として残されました。

　このときの東京都の主張は「都市のあり方を方向付ける用途地域の決定権限を見直すことは、日本の心臓部・頭脳部の役割を担ってきた東京において、都市としての一体的な機能を発揮させる都市づくりの継続を極めて困難なものにする」「広域の見地から都が決定すべき都市計画権限までも移譲することになれば、歴史的にも連担する市街地において、都が今日まで取り組んできた用途地域を活用した一体的な都市づくりが不可能になる」というものでした。そして東京都の主張どおりになったのです。「都・区一体性」という東京都の主張から、特別区は「市」ではなく、実質的な「市並み」の権限しかもたない、東京都の内部団体扱いをうけている現実がみえてきます。

　こうした現実に抗議して、特別区は「（用途地域は）合理的土地利用を図る基本的な制度であり、土地利用の実情を踏まえて、都市構

3　特別区にない都市計画権限の種類は、用途地域、特例容積率適用地域、高層住居誘導地区、特定街区（1ha超）、水道（その他）、下水道（その他）、電気・ガス供給施設、市場・と畜場、地区計画（3ha超）、沿道地区計画（3ha超）。

造や都市機能の骨格に即して定める地域に密着した制度」であり、「市町村へ権限移譲されている中にあって、特別区のみを除外する措置は地域主権改革の趣旨に反する」と主張しましたが、受け入れられませんでした。この一事からもわかるように、繰り返しますが、東京23区は決して現在の特別区制度を喜んで受け入れているわけでないことを確認しておきたいと思います。

4 貧弱すぎる議員定数と職員体制

おざなりの特別区の議員定数

　特別区の議員について協定書が記述しているのは、特別区ごとの議員定数と「大阪市会議員の3割減」にするとした議員報酬についてのみです。しかも、5区の議員定数は、現行の行政区の定数をそのまま単純に当てはめただけで、特別区の自治の一翼を担う議会をどのようにすべきかなど、まったく検討されていないことがよくわかります。

　しかし、「議会」は住民を代表して、首長や行政が独善におちいらないよう、チェックする地方自治上の根幹の機関です。実質的な審議を行う議会内の各委員会に、政治的立場・地域・男女の性別など多様でかつ有能な議員を集めようとすれば、一定の議員数が必要

図表6　大阪5特別区と東京23区の議員定数

大阪	人口(人)	議員数(人)	議員1人当り人口(人)	東京	人口(人)	議員数(人)	議員1人当り人口(人)
北区	628,977	19	33,104	江戸川区	678,967	44	15,431
湾岸区	343,986	12	28,666	品川区	365,302	40	9,133
東区	583,709	19	30,722	杉並区	549,569	48	11,449
南区	693,405	23	30,148	大田区	693,373	50	13,867
中央区	415,237	13	31,941	葛飾区	442,586	40	11,065

となります。

　議論の不活発さ、議員活動の不透明さなどもあって、一般的には議会批判が受け入れられやすい風潮があります。しかし、議員数が少なければ議会が活性化するわけではなく、むしろ議員の多様性（多様な住民意思の議会への反映）が失われ、新人の当選が難しくなるなど、議会のチェック機能は衰退します。

　図表6では、人口が似た区を選んで、大阪の5区と東京23区の議員定数を比較してみました。ひと目でわかるように、大阪はすべての区で東京23区の半分から3分の1程度の議員数しかないことになります。ちなみに、大阪府下の千早赤阪村の人口は6,015人、議員定数は10人です。5特別区は千早赤阪村と変わらない議員数で、人口が50〜70倍も多い特別区の政治行政をチェック、運営しなければならないということです。

　新たに設置される特別区では、住民の多様な民意を反映しつつ、特別区ごとにさまざまに生起するであろう課題をしっかり議論できるような議会の体制をきちんと構築する必要があるはずです。協定書に示された議員定数はまさに論外としか言いようがありません。

職員体制もいい加減

　協定書に記載されている5区と大阪府における職員配置は、そのたたき台である制度設計案をもとに検討されています。この制度設計案の職員配置がいかに強引で乱暴なものであるかは、前回のブックレット『大阪市廃止・特別区設置の制度設計案を批判する』のなかで詳細に検証を行いました。その結果は、①「中核市並み」権限と組織の整合性がない、②近隣中核市と特別区とでは比較になじま

ない、③比較しても人口1万人当たりで3〜6割少ない、④現行の職員数を特別区と大阪府の事務配分に沿って振り分けただけ、⑤設置当初から事務職等の不足が想定されるなどの問題があり、とても「最適な職員体制」をめざした結果とはいえないものでした。

　事務分担（その1-2）の項で指摘したように、特別区の行政組織は、5カ所の区役所＋24カ所の支所＋巨大な一部事務組合になりますが、職員配置はその組織体制に十分対応したものとはいえません。にもかかわらず、協定書が提示する職員体制は、結論から言えば、制度設計案からさらに人員削減を加味した内容となっています。したがって、特別区設置の日から滞りなく業務が行われるかどうか、たいへん危惧されます。

　くわえて、後述しますが、府市の大都市局が試算した府市統合の効果額には、将来実現するかどうかも分からない、移行後10数年間にも及ぶ特別区における職員削減の効果額（220〜320億円）まで盛り込まれています。そうでもしなければ効果額がはじき出せないからとはいえ、まさに「机上の空論」そのものです。

　なお、特別区が担う仕事にほとんどは福祉をはじめとする人的サービスです。したがって、特別区における職員削減は住民サービスの削減に直結してくることも十分予想しておかなければなりません。

　図表7でも、人口密度と昼夜間人口比率の似た区を選んで、大阪の5区と東京23区の職員数を比較してみました。それをみると、大阪の5区のほうが人口が多いにもかかわらず、北区・湾岸区・東区ではそれぞれ品川区・江東区・板橋区よりも少ない職員数となっています。さらに、職員1人当たりの人口を比較すると、大阪の5区のほとんどが東京23区よりも6割以上も人口が多いことがわかります。

図表7　大阪5特別区と東京23区の職員数

	人口 (人)	昼夜間 人口比率 (％)	面積 (km²)	人口密度 (人／km²)	職員数 (人)	職員1人当 りの人口 (人)
北区	628,977	155.2	42.27	13,288	2,414	232.7
品川区 (東京都)	365,302	144.3	22.69	16,078	2,526	144.6
湾岸区	343,986	112.0	73.41	6,975	1,633	210.6
江東区 (東京都)	460,819	119.1	39.44	11,538	2,716	169.7
東区	583,709	93.9	35.81	16,300	2,158	270.5
板橋区 (東京都)	535,824	92.1	32.17	16,656	3,418	156.8
南区	693,405	94.9	40.38	14,677	2,642	262.5
北区 (東京都)	335,544	95.8	20.59	16,297	2,355	142.5
中央区	415,237	236.8	30.60	13,570	2,147	193.4
渋谷区 (東京都)	204,492	254.6	15.11	13,534	1,893	108.0

その2　大阪府による特別区の分割統治がはじまる

1　税源配分・財政調整で大阪府の財政支配が強まる

名ばかりの自治体が5つ誕生

　大阪市廃止・分割により、通常市町村が行う事務の一部を府県が処理するという、特別な大都市制度が適用されますので、財政面においても課税権や大阪府・特別区間の財政調整制度など、特有のしくみが置かれることになります。つまり、本来は市町村に入るべき税収の一部が、特例により府税として大阪府の収入になるため、特別区の課税権の範囲が一般の市よりも狭まります。

　具体的には、市税のうち、法人市民税（2012年度決算1,182億円）・固定資産税（同2,650億円）・特別土地保有税（課税停止中）、都市計画税（同540億円）・事業所税（同254億円）の5税が府税となります。そして、これらの税のうち、普通税3税（法人市民税・固定資産税・特別土地保有税）が、大阪府・特別区間の財政調整財源（共有財源）とされ、その一定割合が5つの特別区に交付されることになるわけです。その配分割合について、協定書には、特別区設置の日までに大阪知事・大阪市長で調整すると書かれています。

　図表8によれば、特別区の住民から徴収する普通税3税はいったん「財政調整特別会計」に入れて、大阪府の取り分は府の一般会計に繰り出し、特別区の取り分は財政調整交付金として特別区へ交付

することになっています。

なお、府の「財政調整特別会計」は、特別区の住民から徴収した普通税三税と国から交付される地方交付税（市分）の出入りを管理するもので、「財政調整特別会計」から府の一般会計に繰り出された府の取り分（財源）はあくまでも大阪府の責任で執行され、特別区の取り分（財源）は各特別区の責任で執行されることになります。

また、これまで市に納めてきた目的税二税（都市計画税・事業所税）も府税になり、その一部を特別区に交付金として配分するとしています。しかし、これらはまったくの府税で（したがって**図表8**にも何ら記載がありません）、特別区への配分は府の自由裁量となります。法定協議会資料（2014年7月）には、府と特別区でほぼ半額に分け

図表8　財政調整（イメージ図）

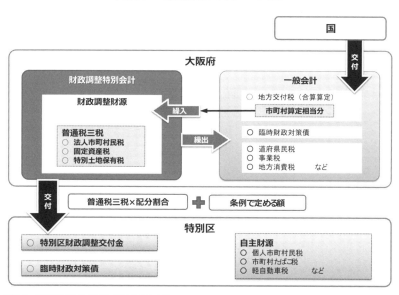

出所）法定協議会資料（2014.7.18）

合う試算が示されていますが、財政状況が厳しい大阪府がそんな大盤振る舞いをいつまでも続けることはないでしょう。

　ちなみに東京都では、2012年度予算の都市計画税収が2,144億円で、特別区に交付する都市計画交付金の予算額は190億円となっています（例年同レベル）。特別区側は、事務分担にもとづき実施している実際の仕事量（所要額）などを根拠に、税収の3割程度の交付金があってしかるべきと主張し要求もしているのですが、東京都に聞く耳はまったくありません。

　さて、これまで述べてきた大阪府と特別区間の税源配分の結果、自主財源として、5つの特別区に残る税は個人市民税（2012年度決算額1,339億円）・市町村たばこ税（同291億円）・軽自動車税（同12億円）などとなり、その税額は市税収入のほぼ4分の1と大幅に減少します。主要な税源が大阪府に吸い上げられ、税収も大幅に減少しますので、府・特別区間の財政調整によって不足分を確保しなければ、特別区の財政そのものが成り立たなくなります。こうして「中核市並み」どころか、大阪府に依存・従属し続ける、名ばかりの不完全な自治体が誕生することになるのです。

特別区は地方交付税の対象団体ではない

　大阪府・市の大都市局が提示した当初の制度設計案では、大阪府・特別区間の財政調整財源（共有財源）には、地方交付税も組み込むとしていました。大阪は東京都とは異なり、府・市ともに国から巨額の地方交付税の交付を受けなければやっていけない、財政基盤がぜい弱な自治体です（2012年度決算で、大阪府2,800億円、大阪市500億円）。その地方交付税を府・特別区間の財政調整財源に組み込

まなければ、府と特別区間の財政調整制度そのものが成り立たないのです。

　地方交付税制度は、国が自治体ごとに基準財政需要額と基準財政収入額を計算して、収入額が少なければ不足分を交付税として交付するしくみです。地方交付税により、自治体間の地方税収の格差を調整し、すべての国民に、国が定めた最低限の行政サービス水準（ナショナルミニマム）が保障されるしくみになっているわけです。

　ところで、地方交付税法が対象とする自治体は「都道府県及び市町村」（地方交付税法第2条第2項）であって、東京23区に地方交付税法は適用されません。すなわち、特別区は地方交付税の交付対象団体とはみなされていないのです。また、東京都に対しても特例（地方交付税法第21条）を設けています。「都区合算規定」と呼ばれるこの特例は、東京都全域の「都分」と（東京23区の区域を一つの市とみなした）「市分」を合算して、都に適用（交付）するというものです。

　具体的には、「都分」と「市分」それぞれの基準財政需要額と基準財政収入額を算定し、それらを合算して財源不足額が生じれば東京都に交付するということになりますが、たとえば直近の2014年度の算定結果では、「都分」（174億円超過）と「市分」（6,890億円超過）を合算した財源超過額が7,064億円となり、都は地方交付税の不交付団体でした。このようにして、東京都は地方交付税制度がはじまって以来、一度も地方交付税の交付団体になったことがありません。

不透明感ます特別区の財源保障

　潤沢な税収がなく、府・市ともに地方交付税の交付団体である大阪でも、この特例規定が適用されることになります。**図表8**でも、

国から交付された、本来の「府分」と本来は特別区に直接交付されるべき「市分」とを合算した地方交付税がいったん大阪府の一般会計に入り、同じ大阪府の「財政調整特別会計」を経由して特別区に交付されるしくみが描かれています。

では、協定書は、地方交付税（臨時財政対策債を含む）について、どのように記述しているでしょうか。

協定書は、「（特別区財政調整）交付金が目的を達成するための額を下回るおそれがある場合には、（府の）条例で定める額を加算する」「府の条例で定めて加算する額は、地方交付税や臨時財政対策債の発行可能額、公債費負担等を勘案したものとする」と記述していますが、これが地方交付税（臨時財政対策債を含む）についての唯一の記述です。

普通税3税は府と特別区間の財政調整財源（共有財源）で、その配分割合については、大阪府・特別区間の協議事項（知事と5つの特別区長で調整）としていますが、配分された普通税3税に「府の条例で定めて加算する」地方交付税については、府・特別区間で協議すべき事項であるとは協定書のどこにも書かれていません。これはたいへん重要なポイントです。これでは事務分担に見合った特別区の財源保障が担保されるのか、極めて不透明です。

また、臨時財政対策債は特別区ごとに発行する（借金する）ことになっていますが、その発行可能な上限額を「府の条例で加算する額」からあらかじめ控除するとしていますので、特別区の裁量が働く余地はまったくありません。

臨時財政対策債とは、国から地方自治体に交付する地方交付税の原資が足りないため、不足分の一部をとりあえず臨時財政対策債と

して地方自治体に借金させて窮状をしのぎ、借金の返済時に地方交付税として自治体に返す（基準財政需要額に算入）という趣旨で設けられました。いわば地方交付税の代わりに借金の枠（公債の発行可能額）を自治体に与えるというものです。

　公債の発行可能な上限額を決められているだけなので、公債を発行する＝借金をするのかしないのか、借金の額はいくらにするのかなどの判断は、通常個々の自治体の裁量に委ねられています。自治体からすれば、ただでさえ公債費＝借金を返済するための支出が多くなっているなか、必要以上の借金はできる限りしたくはありませんが、臨時財政対策債はその使途が限定されていないため、財政状況が厳しくなる一方の自治体にとっては、使い勝手のよい貴重な財源となっているのは確かです。

　しかし、大阪府が交付する財政調整交付金から臨時財政対策債の発行可能な上限額をあらかじめ控除するとされた特別区には、臨時財政対策債の発行可能な上限額を発行し続ける（目一杯借金し続ける）以外に選択の余地がありません。これもまたたいへん重要なポイントです。

　こうして特別区は充分な財源保障が担保されないまま、財布のひもを握った大阪府にコントロールされ続けます。府と特別区間の財政調整を通して、大阪府と府内市町村間には決してなかった、特別区に対する大阪府の財政支配が強まっていくことになります。

大阪での財政調整は東京とちがい極めて困難

　これまで一度も地方交付税が交付されず、交付税制度の枠外にある東京都・区には「都区財政調整制度」と呼ばれる、都と特別区間

の財政調整の制度があります。都区財政調整制度の原資は、特例で都税とされた普通税3税（法人市民税・固定資産税・特別土地保有税）です。前述しましたように、普通税3税は本来市町村が課税している税金です。都区財政調整制度は、本来市町村としての特別区に入るべき税金を都が課税し、それを東京都が区に財政調整交付金として分配するという制度なのです。

だとすれば損をするのは特別区（東京23区）のはずですが、なぜ特別区が文句を言わないかといえば、都区財政調整制度によって収入が多くなる区がほとんどだからです。本来であればもっと多額の税収があるはずの都心の3・4区を除いて、他の20近くの特別区は都区財政調整制度のおかげで通常の税収よりも多い額を得ることができる。だから文句を言わないのです。また、この財政調整制度によって東京都自身も他の道府県にはない財源（その額毎年1兆円余り）を得ることができています。東京では、都区財政調整制度が、都にとっても都心区を除く大部分の特別区にとっても、お互いに求心力となっているのです。

ところで、大阪に、東京都と23特別区のように、求心力となる財政調整が可能な条件があるでしょうか。残念ですが、その答えは「ない」としか言いようがありません。

東京23区では、突出して税収が恵まれた都心の3・4区が他の特別区に（都にも）収益を配分するという好循環が（結果として）できています。一方、大阪市域にはこれほど財源に恵まれた地域はなく、どのように区割りをしても、好循環するしくみをつくるのは極めて困難です。そもそも好循環を生むための原資（一部地域からあがる潤沢な税収入）がないのですから。逆に、自主財源が大幅に減少し

乏しくなった特別区が財政困窮に陥ってしまう事態も十分予想されます。それは大阪市域をさらに疲弊させるだけでなく、府内周辺市域にも多大な悪影響を及ぼすことになるでしょう。

大阪市税を収奪し、大阪府の借金返済に使う!?

　前回のブックレットでも触れましたが、大阪市の地方債残高は4兆7000億円余（全会計ベース・2014年度見込み）、一方、大阪府の地方債残高も6兆4000億円余と、府・市ともに巨額の借金をかかえています（**図表9**参照）。しかも、大阪市は橋下市長就任のはるか以前の2005年度をピークに借金を減少させていますが、大阪府の借金は橋下知事（2008年2月就任）・松井知事（2011年12月就任）の任期中を含めて一貫して増加の一途です。

　このなかには国が全額を地方交付税で穴埋めすると約束する臨時財政対策債が含まれており、府はこれを除けば借金は減っていると主張しています。しかし、前述したように、臨時財政対策債はあくまでも借金であり、総額1000兆円もの借金地獄にあえぐ国の口約束を信じて、借金を重ねる状況はあまりにも危険すぎます。しかも、大阪府では過去の借金返済のために新たに借金（借換債）をするという綱わたりの状況が続いているのです。

　大阪府財政は傷口が開いたままで、極めて深刻な状況にあります。大阪市税を吸い上げて、府の借金返済のために使おうとでもいうのでしょうか。府税となった以上何に使おうが大阪府の勝手であるとはいえ、大阪市民としてはとても許しがたいことです。

　10年連続して借金を減らしているとはいえ、大阪市の財政も厳しい状況に変わりはありません。2012年度決算の数字では、ほぼ

図表9　大阪府債・大阪市債残高の推移（全会計ベース単位：億円）

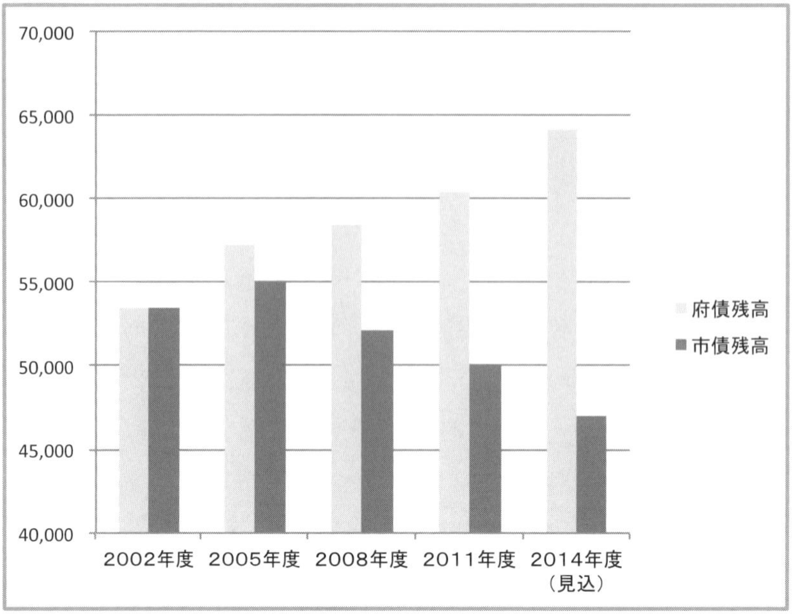

出所）大阪府・大阪市の決算資料をもとに作成。

　10年前の2003度と比較して、人件費は3割減、建設事業などの投資的経費に至っては6割減となっていますが、生活保護をはじめとする扶助費が5割増と歳出総額の3割を占めるまでに膨らんでおり、その結果、経常収支比率（自治体財政の弾力性を示す指標。100を超えると経常的経費を経常的収入ではまかなえない状態）が100を超えるなど、財政構造の硬直化は顕著です。

　いずれにせよ、財政危機を乗り越えるのに近道はなく、積極的に財政情報を公開しながら、大阪府・市ともに（なかでも大阪府は）行財政改革の施策を一歩一歩着実に積み上げていく以外に道はないのです。

2　大阪府・特別区協議会（仮称）の問題点

大阪府・特別区協議会（仮称）でも問題をすり替え

　東京都には都側と特別区側との間で、財政調整・事務配分等に関して協議をおこなう組織として「都区協議会」が設置されています。それにならい、協定書では、大阪府・特別区協議会（仮称）の設置を提案しています。

　東京の都区協議会は、大都市地域における行政の一体性及び統一性の確保を目的とする都区制度の趣旨に従い、財政調整についての意見具申や事務配分などの連絡調整を密にするために、地方自治法に規定された協議組織です（地方自治法282条の2）。

　また、その委員構成についても、地方自治法施行令に、「都区協議会は、委員16人をもって組織し、都知事と都知事が都職員のうちから指名する者7人、および特別区の区長が特別区の区長の中から協議により指名する者8人」と定められています（**図表10**参照）。

　大阪府・特別区協議会（仮称）は、特別区全体にとっても個々の特別区にとってもたいへん重要な、府・区間の財政調整・事務配分等をめぐる協議、交渉の場です。繰り返しますが、現行の都区協議会は、都側は都知事と都知事に指名された都職員7人、特別区側は区長協議で指名された区長8人の合計16人の委員構成が地方自治法施行令で規定されています。したがって、5つの特別区に分割しようとしている大阪では、協議会の委員構成（委員数）を規定している地方自治法施行令の改正を求め、それを何としても実現する必要があるはずです。しかし、この点でも新たな法令改正が実現でき

図表10　東京における都区協議会の現状

＜現在の東京の都区協議会の組織体制＞

（位置づけ）法定協議会
地方自治法
　第282条の2　都及び特別区の事務の処理について、都と特別区及び特別区相互の間の連絡調整を図るため、都及び特別区をもって都区協議会を設ける。
　2　前条第1項又は第2項の規定により条例を制定する場合においては、都知事は、あらかじめ都区協議会の意見を聴かなければならない。
地方自治法施行令
　第210条の16　都区協議会は、地方自治法第282条の2第2項の規定による意見を述べるほか、都及び特別区の事務の処理について、都と特別区及び特別区相互の間の連絡調整を図るために必要な協議を行う。
（会長）都知事
　（協議会設置時に政令で会長＝都知事と規定。平成11年度の改正時に会長は委員互選とされたが、引き続き知事が会長に就任）
（委員構成）16名（都側委員8名、区側委員8名）
（組織）協議会下部に都区財政調整協議会及び都区のあり方検討委員会を設置
（事務局）東京都総務局行政部
　（協議会設置時に施行令で東京都が事務局を担う旨規定。平成11年度の政令改正時に同規定が削除されたが、引き続き東京都が事務局）

都区協議会（会長：都知事）
・都区財政調整交付金に係る都条例の制定への意見具申
・都区の事務処理につき都区間・区相互間の連絡調整

都側委員　8名　　区側委員　8名

都区財政調整協議会
・都区財政調整における基準財政需要額及び基準財政収入額の算定に関すること
・その他、都区財政調整の合理的な方法に関すること

都側委員3名　　区側委員9名

都区のあり方検討委員会
・都区の事務配分に関すること
・特別区の区域のあり方に関すること
・都区の税財政制度に関すること
・その他、都区のあり方に関して検討が必要な事項

都側委員3名　　区側委員4名

※　都区協議会における協議の状況
＜財政調整の協議＞
・都区協議会の協議を経て、都区協議会から都知事に意見具申（尊重義務なし）、最終的に都が配分を決定
＜その他の協議＞
・事務配分について、都区協議会の下に「都区のあり方検討委員会」を設置し協議も目立った進展なし
・これ以外の事項を協議する動きはなし

　ていません。
　逆に開き直ったかのように、協定書は、「知事と5人の特別区長を基本に、必要に応じて議会の代表者、長の補助機関である職員、学識経験者を構成員に加えることができる」「具体的な委員の選任については、特別区の設置の日以後、知事と特別区長の協議により定める」として問題をすり替え、ごまかし、先送りしています。
　大阪に現行の地方自治法施行令を改正しないまま適用することができるのでしょうか。大阪府側が「府知事と府知事に指名された府職員7人」を決めるのはごく簡単な話ですが、特別区側が「区長5人」以外の3人の委員をどのように決めるか、極めて困難な話とな

ります。たとえば仮に「議会の代表者」を委員に加えるとして、どのように加えれば５特別区から「平等」に選出することができるのか。できるわけはありません。

　東京のように潤沢な税収をもったなかでの「協議」とは異なり、財源が乏しい大阪ではたいへん厳しい「交渉」場になるでしょうし、５特別区同士の間にも利害対立が起きてきます。また、事務分担の仕切りが大阪府の「事務処理特例条例」の枠内であったことを考えれば、大阪府・特別区協議会（仮称）での「協議」がさらに府主導で展開するであろうことは容易に想像できます。

　まさに、タイトルでしめしたように、事務分担、税源配分・財政調整、大阪府・特別区協議会（仮称）のしくみを通して、大阪府による特別区の分割統治がはじまってきます。

その3　大阪の市民に降りかかる不利益の数々

効果とコストの割が合わない

　ここまで検討してきて大阪市廃止・分割によって生じる数多くのデメリットがみえてきました。以下、大阪の市民にもたらすであろう不利益の数々をあげておきます。まず第1に、効果とコストの比較です。府・市を統合すれば、毎年4,000億円の財源を生み出すことができると大見えを切った松井知事の「大ボラ」ではじまった財政効果額の話でしたが、現在、府市の大都市局の試算で、特別区設置後17年間で2,634億円（年間平均155億円）の効果額が発現するというところまで縮小しています。

　しかし、これも大阪市廃止・分割とは何の関係もない、地下鉄の民営化やごみ収集の民営化の効果額、果ては設置後の特別区における職員削減の効果額（220～320億円）まで目一杯に盛り込んだ、極めて作為的な数字であることが明らかになっています。

　地下鉄やごみ収集の民営化については、その是非はともかく、大阪市が存続したままで実行することは可能ですし、特別区の職員削減にいたっては、将来、それぞれの区長や区議会、区民がどう考えるのかという話です。大阪市廃止・分割とは何の関係もない、将来発現するかどうかも分からない効果額まで盛り込まざるを得ないくらい、思ったような効果が見出せなかったということです。

　前述しましたが、この間、府市統合本部が中心となって、府・市

間の「二重行政」の解消策が検討されてきました。そこで精査された結果は、東京事務所や信用保証協会の統合などによる、約1億円の効果額というものでした。結局、大阪府・市が「合併」しても、新たな財源など生まれるはずもなく、この程度の効果しかないということなのです。効果はないのに、特別区設置のコストは、ただでさえ財政が厳しい特別区に大きな負担となります。

　特別区設置によるコスト増については、庁舎改修費、新庁舎建設費で497億円、システム改修費150億円、移転経費5億円、その他街区表示板・看板・広報・備品などで9億円、合計して680億円もの多額の経費がかかることが明らかになっています。さらに、これらのイニシャルコスト（初期費用）に加えて、毎年20億円程度のランニングコスト（継続的費用）が増えると試算されています。

　これらは大阪市が存続すればまったく不要な経費ですが、特別区を設置すれば初年度から必要となる経費です。しかも、特別区設置の経費について、国や大阪府が面倒をみることは一切ありませんので、特別区（区民）がすべてを負担することになります。

財政調整－東京で成立しても大阪では困難

　２番目は、東京では成立している都・区間の財政調整が、大阪では困難で新たな紛争の種（たね）ができるだけという話です。

　繰り返しになりますが、東京都は、都心区からあがる潤沢な財源を分け合う（山分けする）都区間の財政調整制度が、東京都にとっても都心区を除く大部分の特別区にとっても求心力として機能しています。なぜ都心区から潤沢な税収があがるのかといえば、理由は全国規模の本社機能が集中するという「東京一極集中」にあることは明白です。

しかし、突出して税収が見込める特別区がない大阪で、府と特別区間で起こるであろう財源の奪い合いは、東京の都区間とはまったく異質なものになると思われます。そこでは、少ない財源の確保とその分配をめぐって、大阪府と特別区間で、さらには各特別区間でも不安定な政治的トラブルが起こる可能性が出てきます。これからは特別区がいくら陳情しても、財布のひもを握った大阪府に最後は押し切られる姿が頻繁にみられることになるでしょう。圧倒的な力をもつ大阪府による特別区の分断策が「統治の常套手段」として多用されることになるかもしれません。

　そうした財政紛争の過程で、特別区に対する財政削減の圧力は年々強まることになるでしょうし、住民の暮らしへの影響も大きくなっていくではないかと危惧されます。

人口構成－東京と大阪は決定的に違う
　３番目は、東京と大阪の人口構成の違いも決定的であるという話です（**図表11** 参照）。
　東京23区は人口が895万人で東京都民（1316万人）の約７割を占め、当然ながら23区から選出される都議会議員数も89人と全議員（127人）の７割を占めています。一方、大阪市は人口が267万人で府民全体（866万人）の約３割、市内選出の府議会議員数も28人と全議員（88人）の３割となっています。
　東京には23区の区域を代表する「東京市」という自治体政府はありません（第２次世界大戦のさなかに東京府に強制的に統合されました）。しかし、特別区から選出される都議会議員数が都議会で７割を占めるという事実が、「東京市」が存在しない現実をカバーして

いる側面があります。都知事の選出も23区民の「意向」が大きく働いていると言えます。

　東京都は、本来は「東京市」の仕事である都市計画や水道・消防などの事務を行っていますから、23区の住民にとって都知事と都議会は東京市長と東京市議会でもあります。もちろん実際には東京市長と東京市議会は存在しません。しかし、都民の7割を占める23区民の人口比率が、都知事と都議会が事実上、東京市長と東京市議会であることを可能にしているわけです。

　しかし大阪では、府全体の有権者のうち旧大阪市の住民は3割にすぎませんから、特別区設置後でも5区の合計で3割しか選出することができません。府知事選挙も同様です。

　大阪市域の政治的意思を代表する「大阪市」という自治体政府が消滅させられ、大阪市の重要な事務権限が大阪府に吸い上げられてしまうのに、市域から府議会議員の3割しか選出できない、府知事の選出にも影響を及ぼすことができないという厳しい現実がはじまることになります。

　また、現在は少しは存在するであろう市民や市会議員の連帯感も、特別区ごとにバラバラにされてしまうでしょう。もちろん府知事にとってその方が「統治」しやすくなるのは間違いありませんが。

　260万大阪市民の民意をくみ上げる自治体政府の喪失は、市域の民主主義をより深め、発展させるうえで大きなデメリットになるとともに、大阪府域全体の民主主義と地域の発展にも大きなマイナスになるでしょう。大阪市の廃止・分割は、大阪府民・大阪市民に何のメリットももたらしません。

図表 11　特別区及び大阪市の区別の人口・面積、議員数

東京都・特別区				
区	人口	面積	都議数	区議数
東京都	13,159,388	2187.5	127	
23区計	8,945,695	621.8	89	906
千代田区	47,115	11.6	1	25
中央区	122,762	10.2	1	30
港区	205,131	20.3	2	34
新宿区	326,309	18.2	4	38
文京区	206,626	11.3	2	34
台東区	175,928	10.1	2	32
墨田区	247,606	13.8	3	32
江東区	460,819	39.9	4	44
品川区	365,302	22.7	4	40
目黒区	268,330	14.7	3	36
大田区	693,373	59.5	8	50
世田谷区	877,138	58.1	8	50
渋谷区	204,492	15.1	2	34
中野区	314,750	15.6	4	42
杉並区	549,569	34.0	6	48
豊島区	284,678	13.0	3	36
北区	335,544	20.6	4	44
荒川区	203,296	10.2	2	32
板橋区	535,824	32.2	5	46
練馬区	716,124	48.2	6	50
足立区	683,426	53.2	6	45
葛飾区	442,586	34.8	4	40
江戸川区	678,967	49.9	5	44
特別区平均	388,943	27.0		

※人口は平成22年国勢調査、面積は平成22年全国都道府県市区町村別面積調による。
※議員数は各都道府県及び各指定都市議員定数条例による。なお、既に定数条例を改正し未施行（次回選挙から適用）の場合は当該未施行の条例定数による。
※指定都市の行政区の平均人口は155,156人、平均面積は68.5km²である。

出典：第30次地方制度調査会資料（2012.9.26）

その３　大阪の市民に降りかかる不利益の数々

(単位：人、km²)

大阪府・大阪市				
区	人口	面積	府議数	市議数
大阪府	8,865,245	1898.5	88	
大阪市	2,665,314	222.5	28	86
北区	110,392	10.3	1	3
都島区	102,632	6.1	1	3
福島区	67,290	4.7	1	2
此花区	65,569	16.4	1	2
中央区	78,687	8.9	1	2
西区	83,058	5.2	1	2
港区	84,947	7.9	1	3
大正区	69,510	9.4	1	3
天王寺区	69,775	4.8	1	2
浪速区	61,745	4.4	1	2
西淀川区	97,504	14.2	1	3
淀川区	172,078	12.6	2	5
東淀川区	176,585	13.3	2	6
東成区	80,231	4.6	1	3
生野区	134,009	8.4	1	5
旭区	92,455	6.3	1	3
城東区	165,832	8.4	2	5
鶴見区	111,182	8.2	1	3
阿倍野区	106,350	6.0	1	4
住之江区	127,210	20.8	1	4
住吉区	155,572	9.3	1	5
東住吉区	130,724	9.8	1	5
平野区	200,005	15.3	2	6
西成区	121,972	7.4	1	5
区平均	111,055	9.3		

その4　住民投票－投票率１％でも過半数で決まる

住民投票は大都市地域特別区法で義務づけられた
　大阪市民による住民投票は、議員立法により2012年8月に成立した大都市地域特別区法で義務づけられたものです（**図表12**参照）。
　大都市地域特別区法は、道府県の区域内において指定都市等を廃止し特別区を設置する際の手続きを規定しています。それによると大阪市を廃止して特別区に分割するためには、まず法定協議会でその設計図（協定書）を作成し、次に府・市両議会の承認を求め、いずれも過半数の賛成で承認が得られると、最後に大阪市民による住民投票が実施され、過半数の賛成が得られたら、府・市は共同して総務大臣に対し、特別区の設置の申請をすることができるとなっています。したがって、この住民投票の結果が法的拘束力をもつ最終決定となります。
　住民投票について、国会の審議のなかでは、当初大阪府全体で実施すべきという意見もありましたが、最終的には府民の民意は府議会の承認があれば十分との判断がなされ、むしろ自治体として明らかに格下げになる大阪市域の住民に多大な影響があるということで、大阪市民だけの住民投票になったといわれています。
　国会審議ではもう一点、住民投票に最低投票率という概念を入れるべきかどうかという議論もありましたが、最終的には有効投票総数の過半数の賛成が必要という規定になり、その良否はともかく、

その4　住民投票－投票率1％でも過半数で決まる

図表12　大都市地域特別区法の手続きの流れ

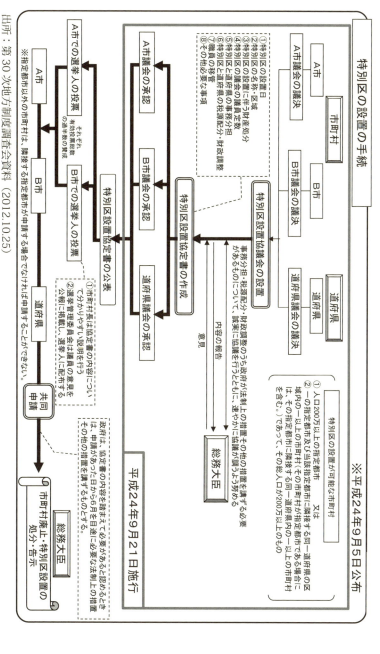

出所：第30次地方制度調査会資料（2012.10.25）

たとえば投票率が1％でも過半数が賛成（反対）すればよいということになりました。最低投票率については、日本の選挙法や投票法にもともとその規定がありませんので、大都市地域特別区法に基づく住民投票にも規定されなかったということです。

なお、住民投票にあたっては、①市長は協定書の内容について分かりやすい説明を行う、②選挙管理委員会は議員の意見を公報に掲載し選挙人に配布するという、2つの義務が課されています。

問題山積のまま住民投票へ

大阪市廃止・特別区設置の是非を問う住民投票が、5月17日（日）に行われる見通しとなってきました。

特別区が設置されると大阪市は廃止されます。自治体のかたちは住民自治の根幹問題です。それに伴って住民サービスのあり方も大きく変化することになります。その意味で、大阪市民の住民投票は欠かすことのできない手続きであることは確かでしょう。

しかし、それはあくまでも議会での協定書をめぐる真摯な議論と合意そして承認が前提です。しかも府・市の両議会は同内容の協定書を一度否決しています。いったん廃案となった協定書を政党間の政治的思惑でよみがえらせ、住民投票ありきの形式的議論だけで、最終判断を住民投票に委ねるとはあまりにも無責任すぎます。

5月17日の住民投票までに問題の論点が十分整理され、市民が一時的なムードだけでなく、大阪市廃止・特別区設置のメリット・デメリットを見極めて判断できる環境が整うのでしょうか。そもそも大阪市役所は、市民が冷静に判断できる情報を公開・提供するのでしょうか。また、特別区の設置を問う住民投票が橋下市長に対す

る信任投票に陥る（すり替えられる）ことはないのでしょうか。市民が抱く多くの懸念は払しょくされていません。

　橋下市長は「車を買う時にいちいち設計図なんか読まない。車のエンジンの細かい仕組みまで市民が知る必要がない」などと発言していますが、とんでもありません。

　短期間で、しかも維新単独でつくられた「協定書」なるものは、設計図も未熟、試作品、試走もおこなわれない段階で、「これしかない」と強要するようなものです。行政制度を商品に見立てる発想も驚きですが、およそリスクへの配慮を欠いた「机上の計画」に、追い立てられるように、大阪の市民はどうして乗らなければならないのでしょうか。

　大阪市を廃止するには、最低でも大阪市民の幅広い理解と合意が必要で、住民投票もそのためにあるはずです。いったん設置された特別区を解消して、元の指定都市に戻るための法律規定はありません。後戻りできなくなったときに、市民が問題に初めて気がつくことがないよう、橋下市長らには丁寧な説明と議会での活発な議論を通じて、市民に多角的な観点から判断材料を示す責務があるのです。

それでも棄権せずに投票へ行こう

　さて、不透明で、市民としては納得いかない点も多々あるのですが、大阪市廃止と特別区設置の是非を大阪市民の住民投票に委ねる可能性が高まってきました。前述しましたが、この住民投票には最低投票率等の成立要件がありませんので、たとえ投票率が１％でも有効投票総数の過半数の賛成（反対）で決まることになります。

　問題はたいへん複雑なのに、住民への情報提供はあまりにも不十

分です。また、橋下市長や維新の会による「情報操作」「印象操作」にも目に余るものがあります。しかし、投票率が1％でも有効投票総数の過半数の賛成（反対）で決まることになりますので、棄権せずにぜひ投票してください。一票の差で後戻りできない事態になり、大阪の将来に大きな禍根を残すことも十分あり得るのです。

　自分たちの住む大阪市の「自治のかたち」をどうするのか。主権者である私たち自身が、自分で考え、自分で選択し、投票しなければなりません。

　なお、投票は公職選挙法（通常の選挙法）の規定を準用しますので、20歳以上の有権者のみの投票となり、選挙と同じ投票所で行い、不在者投票や期日前投票もできます。また、投票用紙について、大都市地域特別区法の規則では「2つの様式」が示されていますが（**図表13**参照）、「下の様式」は別途大阪市条例をつくる必要がありますので、おそらく「上の様式」、投票用紙に「賛成」か「反対」のいずれかを自書する投票になると思われます。

図表13　投票用紙の様式

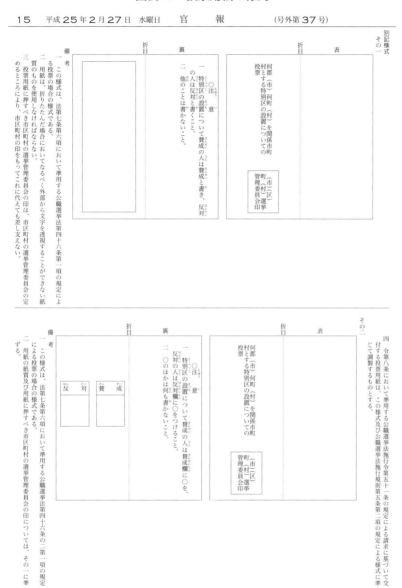

出所：官報（2013.2.27）

おわりに

　大阪市廃止・分割は、府・市の二重行政解消のスローガンではじまりました。しかし、「協定書」の検証から、二重行政の解消がいかに見かけ倒しに終わっているか、知ることができました。また、協定書は、大阪市廃止・分割で財政効果が17年間で2,634億円（年平均155億円）と試算しています。この数字は地下鉄民営化やごみ収集の民営化、はては特別区移行後の15年〜20年間で見込まれる職員削減の人件費まで織り込まれています。つまり確定している効果額という訳ではなく、こうあってほしいと願う期待値としての額です。

　橋下・維新の会による論理は、行政改革＝リストラによるコスト削減の問題と大阪市廃止・分割という制度構造の改革をごっちゃにしていることに特徴があります。地下鉄・ごみ収集の民営化をめぐる行政改革は、政策変更の問題です。いっぽう大阪市の廃止・分割は、政策の是非を議論し決めるための制度＝ルールそれ自体を変更しようとするものです。

　地下鉄の民営化であれごみ収集の民営化であれ、それこそ利用者である大阪の市民をまきこみ、現在のルールの枠内で、議会、首長・行政で議論を尽くせば、解決の筋道はみえてくるはずです。二重行政の問題も同じではないでしょうか。府と市が協調し調整すれば解決できる話です。大阪市を廃止しなければ解決できない二重行政な

ど、もともとないはずです。

　本書「はじめに」で強調しましたように、何ごとにつけ破壊することは容易です。しかし、破壊されたものを修復するには、破壊の数十倍、場合によっては数百倍の時間とエネルギーと経費が必要になります。

　地方自治の制度やしくみは、人々の日々の暮らしにストレートにつながっており、人々の働き方、暮らしを支える基盤そのものです。大阪市を廃止・分割し、その基盤を大きく変更するためにどれだけの時間とエネルギーと経費がかかるものか、予想すらできません。

　しかも、大阪市廃止がいったん決まれば、後戻りできる制度はないわけですから、廃止のリスクは極めて高いとみておかなければなりません。リスクマネジメントの観点からも、膨大な時間と労力、コストをかけて大阪市を廃止・分割するという気の遠くなるような浪費、無駄を避けなければなりません。その意味で、本書でも紹介した自民党などが提唱する「大阪版戦略調整会議」（府と大阪・堺両市の首長と議員による政策会議）は検討に値する問題提起の一つでしょう。

　地方自治の基本は「最小の経費で最大の効果」にありますが、この言葉にならい、「最小のリスクで最大の効果」、この言葉を嚙みしめながら、本書を閉じることにします。

　本書は、共通の問題意識で先に発行した2冊の本、『いま、なぜ大阪市の消滅なのか─「大都市地域特別区法」の成立と今後の課題』（2013年3月）と『大阪市廃止・特別区設置の制度設計案を批判する』（2014年3月、いずれも公人の友社）につぐ、3冊目のブックレットです。

いずれも、個人参加の市民や自治体職員、地方自治の研究者などをメンバーとする研究会での議論をもとに編んだものです。

　本書をふくめ3冊のブックレットが、大阪市廃止・分割が本当に必要なのか、大阪市民をはじめ多くの人たちに、もう一度立ち止まって、冷静に考えてもらうために僅かでもお役に立つのであれば、何よりの喜びです。

大阪の自治を考える研究会・代表
大矢野　修（龍谷大学政策学部教授）

巻末資料Ⅰ　特別区設置協定書の要旨

一　特別区の設置の日
特別区の設置の日は、平成29年4月1日とする。

二　特別区の名称及び区域

名称	特別区の区域
北区	大阪市都島区、北区、淀川区、東淀川区及び福島区の区域
湾岸区	大阪市此花区、港区、大正区、西淀川区及び住之江区（南港北1～3丁目、南港東2～9丁目、南港中1～8丁目及び南港南1～7丁目の区域に限る。）の区域
東区	大阪市城東区、東成区、生野区、旭区及び鶴見区の区域
南区	大阪市平野区、阿倍野区、住吉区、東住吉区及び住之江区（湾岸区の区域となる区域を除く。）の区域
中央区	大阪市西成区、中央区、西区、天王寺区及び浪速区の区域

三　特別区の議会の議員の定数

名称	北区	湾岸区	東区	南区	中央区
議会の議員の定数	19人	12人	19人	23人	13人

四　事務の分担
1．特別区が処理する事務

　大阪市の区域に設置される特別区は、東京都の特別区が法令により処理する事務に相当する事務を処理する。加えて、中核市の事務を処理するとともに、都道府県及び指定都市の事務のうち住民に身

近な事務を処理する。また、市町村の事務のうち、特別区の特例により、都が処理することとされている事務でも、住民に身近な特別区が処理することが相応しい事務についても処理する。

2．大阪府が処理する事務

大阪府は、特別区を包括する広域の地方公共団体として、大阪全体の成長、都市の発展及び安心・安全に関わる事務や特別区の連絡調整に関する事務等、都が処理する事務（1の事務を除く）を処理する。

3．事務の承継

特別区及び大阪府は、高度できめ細かな住民サービスの水準を低下させないよう、適正に事務を引き継ぐ。

五　税源の配分及び財政の調整

1．税源の配分

大阪府の税源は、道府県税並びに法人市町村民税、固定資産税、特別土地保有税、都市計画税及び事業所税とし、特別区の税源は個人市町村民税、市町村たばこ税、軽自動車税等とする。

2．財政の調整

（一）財政調整の目的・財源及び配分の割合

法人市町村民税、固定資産税及び特別土地保有税を財政調整財源とし、これらの収入額に大阪府の条例で定める割合を乗じて得た額を特別区財政調整交付金として特別区に交付するものとする。なお、同交付金が目的を達成するための額を下回るおそれがある場合には、条例で定める額を加算する。

（二）特別区財政調整交付金の種類・割合

特別区財政調整交付金は、普通交付金と特別交付金とし、普通交付金は財政調整交付金総額の94％、特別交付金は同額の6％とする。

（三）大阪市債の償還にかかる財政調整財源の負担

発行済みの大阪市債（既発債）の償還に必要な経費として、特別区が負担する額は、特別区財政調整交付金の交付を通じて財源保障を行う。大阪府が負担する額は、税源配分等を通じて財源を確保する。

（四）都市計画税・事業所税の取扱い

大阪府と特別区の双方の事業に充当することとし、交付金により特別区に配分するものとする。

六　財産処分

１．財産の取扱い

大阪市が保有していた財産は、当該財産に関連する事務の分担に応じて、特別区又は大阪府が承継するものとする。なお、普通財産、債権、基金等は、特別区が承継することを基本とし、大阪府が処理することとされた事務の執行に密接不可分なものは、大阪府が承継するものとする。

２．債務の取扱い

大阪市が負担していた債務については、その確実な履行を期する必要があることに鑑み、特別区又は大阪府が承継するものとする。

（一）債務負担行為の取扱い

債務負担行為に基づく債務は、関連する事務の分担に応じて、特別区又は大阪府が承継するものとする。ただし、アジア太平洋トレー

ドセンター（ＡＴＣ）ほか２社に関する特定調停における調停条項の定めるところによる損失補償債務については大阪府が承継し、大阪市の財政調整基金の一部等を引当財源として活用するものとする。

　（二）地方債の取扱い

　既発債は、大阪府が承継することとする。既発債の償還経費は、大阪府、特別区等及び公営企業等の事業承継団体が所定の負担を行うものとする（大阪市の一般会計等に属する既発債の場合、事務の分担に応じた割合を勘案してその３割を大阪府の負担、７割を特別区等の負担とする）。特別区等の負担については、その総額について全ての特別区共通の債務と位置付けたうえで、特別区等が償還負担金を大阪府に支払うものとする。

　七　職員の移管

　特別区及び大阪府において、事務の分担に応じた最適な職員体制を構築するものとする。

　大阪府及び大阪市の職員は、原則として事務の分担に応じて、特別区又は大阪府のいずれかの職員として引き継ぐこととする。

　八　その他特別区の設置に関し必要な事項
１．都区協議会

　大阪府及び特別区の事務の処理について、大阪府と特別区及び特別区相互の間の連絡調整を図るため、大阪府・特別区協議会（仮称）を設置する。

２．特別区において共同で処理する事務

国民健康保険事業、水道事業、身体障がい者更生相談所等の設置、システム・施設・財産の管理などについては、一部事務組合、機関等の共同設置等により、全ての特別区が共同で処理する。

3．特別区の支所等

　住民の利便性を確保するため、現在の区役所及び保健福祉センターを特別区の支所等とする。

巻末資料Ⅱ　大阪特別区一部事務組合（仮称）で共同処理する事務

①事業
　国民健康保険事業、介護保険事業、水道事業及び工業用水道事業

②システム管理
　住民情報系7システム〔住民基本台帳等システム、戸籍情報システム、税務事務システム、総合福祉システム、国民健康保険等システム、介護保険システム、統合基盤・ネットワークシステム〕等

③施設管理
　＜福祉施設＞
・児童自立支援施設（大阪市立阿武山学園）
・情緒障がい児短期治療施設（大阪市立児童院・大阪市立弘済のぞみ園）
・児童養護施設
　　（大阪市立入舟寮・大阪市立弘済みらい園・大阪市立長谷川羽曳野学園）
・母子生活支援施設
　　（大阪市立北さくら園・大阪市立東さくら園・大阪市立南さくら園）
・母子福祉施設（大阪市立愛光会館）
・保護施設
　　（大阪市立大淀寮・大阪市立淀川寮・大阪市立港晴寮・大阪市立第2港晴寮）
・大阪市立心身障がい者リハビリテーションセンター
　　（身体障がい者更生相談所・知的障がい者更生相談所に係る部分を除く。）
・福祉型障がい児入所施設（大阪市立敷津浦学園）
・福祉型児童発達支援センター
　　（大阪市立都島こども園・大阪市立姫島こども園・大阪市立淡路こども園）
・ホームレス自立支援センター
・障がい者就労支援施設（大阪市立千里作業指導所）
・特別養護老人ホーム（大阪市立大畑山苑）
・医療保護施設・養護老人ホーム・特別養護老人ホーム（大阪市立弘済院）

<市民利用施設>
・青少年野外活動施設（大阪市立信太山青少年野外活動センター）
・ユースホステル（大阪市立長居ユースホステル）
・青少年文化創造ステーション（大阪市立青少年センター）
・児童文化会館（大阪市立こども文化センター）
・障がい者スポーツセンター
　（大阪市舞洲障がい者スポーツセンター・大阪市長居障がい者スポーツセンター）
・市民学習センター
　（大阪市立総合生涯学習センター・大阪市立阿倍野市民学習センター・大阪市立難波市民学習センター）
・大阪市中央体育館
・大阪市立大阪プール
・靱庭球場
・女性いきいきセンター
　（大阪市立男女共同参画センター中央館・大阪市立男女共同参画センター北部館・大阪市立男女共同参画センター西部館・大阪市立男女共同参画センター南部館・大阪市立男女共同参画センター東部館）

<その他>
・急病診療所（中央急病診療所・都島休日急病診療所・西九条休日急病診療所・十三休日急病診療所・今里休日急病診療所・沢之町休日急病診療所・中野休日急病診療所）
・大阪市動物管理センター
・キッズプラザ大阪（運営補助）
・斎場（大阪市立北斎場・大阪市立小林斎場・大阪市立佃斎場・大阪市立鶴見斎場・大阪市立瓜破斎場・大阪市立葬祭場）
・霊園（泉南メモリアルパーク・瓜破霊園・服部霊園・北霊園・南霊園）

④財産管理
・「大阪市未利用地活用方針」に基づき「処分検討地」とされた土地等の管理及び処分
・オーク200事業の終了に伴い大阪市が引渡しを受けた財産の管理及び処分
・大阪市の土地先行取得事業会計に属していた財産の管理及び処分

巻末資料Ⅲ
特別区設置協定書に対する
市会各会派の反対討論
（2014年10月27日）

■公明党（待場康生議員）

　私は、公明党大阪市会議員団を代表して、このたび本会議に上程されています議案333号「特別区設置協定書の承認について」の議案は、承認できないことを表明し、以下その理由について述べます。

　特別区設置協定書については、10月9日・10日に開催された財政総務委員会、10日に開催の5つの常任委員協議会、22・23日の本会議一般質問におきましてさまざまな角度から質疑をしてまいりました。その結果、市長が設計図と呼ばれているこの協定書には、これまで喧伝されていた効果やメリットがほとんどなく、さまざまな不備があり、そのまま実現すると市民生活に多大な影響を与えることが明らかです。

　市長の答弁から感じた1つ目は、統治機構の変革とも言われますが、自治体の構造をいじったくらいで大阪経済が成長に転じるとは全く思えません。2つ目に、大阪市を解体しその権限を広域自治体が奪うことは、地域主権から基礎自治体中心とされる考え方からは矛盾します。3つ目に、府に移行したからと言って、直ちに国から財源・権限が移譲されるわけではありません。府と市のコップ内での財源・権限の整理にすぎず、再編後の府の財政シミュレーションが全く示されていないことも不透明感を感じます。4つ目に、多くの都市が合併で権限を持つ政令市の仲間入りをしてい

る中で、わざわざ政令市を放棄してまで５つの特別区にする意味がわかりません。大阪市を解体すれば、関西きっての大都市は京都市、神戸市のみであります。

　マスコミの一般質問の報道で、議論は平行線と論じられましたが、平行線では無く、捻じれの議論で、未来永劫議論をかみ合わせるつもりが無いように私は感じました。
　まず当初標榜されていた中核市並みの権限を持つ特別区にすることに関しては、法令改正を行うことをなぜかあきらめ、事務処理特例という見通しの立たない決着をつけてしまったことは致命的だったと言わざるを得ません。中心市街地の再開発を主体的に行うことが無くなってしまいます。

　財源についても、大阪市の保有財源であった普通３税の固定資産税、法人市民税、特別土地保有税と、目的税の都市計画税、事業所税、さらに宝くじ税が府の財源とされ調整されます。25年度決算で6,418億円の市税がわずか４分の１の区税、1,618億円に激減、府に区は埋もれる依存した団体になってしまいます。特別区に残される税源・財源は、個人市民税、区たばこ税、軽自動車税のみで、特別区独自で街の活性化をいくら図ってもその見返りはありません。財源調整交付金の名目で、必要に応じて特別区に分配すると謳ってはいますが、配分割合や特別区の意見がどこまで反映されるのか、先送りされています。極めて重要な位置づけに関わらず甚だ不透明であり、まともな自立した基礎自治体とは言えません。

　市長は行政の予算編成権が近くにある特別区が今の府市体制より優れていると何度も強弁されましたが、要は近くに来ても裏付けとなる財源が無いと意味ありません。市民サービスの低下を招くだけです。中核市並みどころか、一般市以下の、自立性も魅力も無い、発展・競争性も発揮されない自治体が５つも誕生することになります。中核市並みは、この協定書に

よって幻になったと断言させて頂きます。

　さらに、府市統合の目的であったニア・イズ・ベターでありますが、それを実現するために30万人規模が最適であるとして、大阪市の大都市税財政特別委員会で維新の皆さんが主張し続けていたことは記憶に新しいところです。しかし、今回の協定書では、人口70万人規模の特別区が含まれるなど、当初の主張と乖離がみられます。なぜこうなったのか。結局のところ、コストが少ない方を選んだに過ぎず、当初の理由が脆弱であったのでしょうか。本来目的はそこになかったのか。理念を捨て、コスト優先で、ニア・イズ・ベターは方便であったとしか言えません。住民自治の視点が欠落の上、本質的な府市統合の目的を捨て去ったと言わざるを得ません。

　次に、二重行政を解消すれば、大阪が豊かになると、維新のポスターにも示されました。その統合効果ですが、これも離散霧消してしまいました。二重行政批判は、役割分担をしっかりと行っていれば、住民に不都合はないはずです。松井知事は、第1回府市統合本部会議などで、大阪市と大阪府の予算を考えれば、二重行政の解消により毎年4,000億円からの財源を生み出すことは最低ライン、これは政治の約束と打ち上げられました。しかしながら、いくら精査しても、そのような統合効果は皆無で、昨年示されたパッケージプランでは、純粋な統合効果は、わずか毎年1億円に過ぎず、喧伝していたものが、実は4,000分の1以下になってしまいました。市長も、4,000億円の可能性があるなど、何度か言葉を変え、効果額は多様な評価法があると、苦しい答弁をされましたが、府市再編しなくても、できるものは加味されています。統合効果がないばかりか、特別区設置によるコスト増、つまり、デメリットについては、庁舎改修費、新庁舎建設費で497億円、システム改修費150億円、移転経費5億円、その他街区表示板、看板、広報、備品などで、9億円、総計最大680億円もの多額の経費がかかることが明らかになっており、コストもメリット、デメリットからみれば、

マイナス効果しか見通せない情況に愕然といたします。

　次に、事務配分を急ぐあまり、新たに誕生する巨大化した一部事務組合についてです。この一部事務組合の予算規模6,400億円は、政令指定都市堺市の全会計にほぼ匹敵し、究極の不効率が明白です。国民健康保険や水道事業は本来は基礎自治体が各々実施すべき事業です。自治体の規模が小さい場合など、各自治体がそれぞれの判断で、協議により設置するものです。市長は、他の一部事務組合はうまくいっているとされますが、規模も、中身の複雑さも理解されていないのでしょうか。スケジュールありきの協定書の作成を急ぐあまり、基礎か広域かの明確な物差しもなく分けようとしたために、行き場のなくなった事務事業を一部事務組合に押し込めるだけ押し込めて、巨大化したと言わざるを得ません。一部事務組合の代表者は、特別区長の互選で決めるとなっていますが5人の区長が公選ということになれば、その公約や有権者の声などどう調整をされるのか、一つの事務事業でさえ、利害が相反する中、総務省でさえ、住民から見えにくいと指摘されているのに、百以上の事務事業について、機動的な意思決定ができるのでしょうか。

　また、事務組合における議会の問題や、処理業務の多さなど、これまでの一部事務組合のスキームで推し量ることはできず、規模といい、事務内容といい、特別区の共通事業を共同処理する巨大な一部事務組合というよりは、全部事務組合と呼んだ方がよさそうです。結局、利害が相反する場面で、誰が責任をもって決定するのかあやふやで、特別区、一部事務組合、大阪府の三重行政の誕生といえるでしょう。市長は三重行政ではなく、役割分担でできると答弁、ならば、現状の府市も協議と調整で役割分担すればいい話です。二重行政の解消を目指し、効果額4,000億円を見通し、ニア・イズ・ベターを実現しようとしたら、三重行政が誕生し、デメリットが680億円のコストと、このような事態を誰が予想したでしょうか。

巻末資料Ⅲ

　統治機構の一元化も、ニア・イズ・ベターも、4,000億円の効果額も、中核市並みの特別区の実現も、全ての目的が達成できないことを証明したのが、この特別区設置の協定書であったということが、委員会質疑や一般質問で明確になったと言えます。論議は尽くされました。当初、市民が市長に期待されていた発信力、突破力も協定書では市長の意地と話題づくりだけで推し進められ、後は野となれ山となれでは、孫、子の代まで禍根が残り、大阪市民が不幸になる、後戻りできない代物です。

　そういう結果が出るころには、市長は居られないのでしょうが、本来の法定協議会をスケジュール通り開催し、維新以外の会派からの指摘について、真摯に取り組んでおられれば、このようなやっつけ仕事で不備だらけの協定書を作ることはなかったでしょう。
　財政が厳しい中6億3,000万もの巨額の税金を使い、出直し選挙まで実施されました。しかも他会派を排除してまで作成を急ぎ、特別区に解体される側の大阪市の委員がいない状況でまとめられ、結果として府市統合再編の本来の目的をすべて失わせることとなってしまいました。

　大阪府議会では、去る23日の本会議において法定協議会の委員構成が正常化されました。その正常化された法定協議会に基づき、市長の言われる議論不十分という論戦を交わし、市民の目線に立った議論を深め、真の目的を実現できる協定書作りに仕切りなおすべきです。
　この9ヶ月間の月日とコストの浪費について、提案者である市長と知事は大いに反省され、大阪の発展、次世代のために公選職の職務に全力を尽くすべきです。住民投票の重要性を認識するからこそ、市民に対し移行すれば二度と大阪市に戻れない判断に当たって、十分すぎるくらいの具体的な内容が示されるべきです。
　ゆえに、この特別区設置協定書の承認議案は私どもの会派は、承認できかねます。以上です。

■自民党（柳本顕議員）

　私は、自由民主党大阪市会議員団を代表し、議案第333号「特別区設置協定書の承認について」断固反対の立場から討論をさせていただきます。

　10月23日、府議会において大阪府・大阪市特別区設置協議会の委員構成が会派按分に戻され、それを受けて大阪市会においても改めて会派按分により推薦手続きを行いました。協議会そのものはその後開かれておりませんが、約9ヶ月の時間を費やして、協議会の正常化が民主的な手続きによって実行されたのです。
　これは、松井知事や橋下市長による違法行為や、岡沢府議会議長の不信任決議を可決されるほどの愚考により、だましだましで協議会正常化の引き伸ばしをしてきましたが、結局は今年1月31日の第13回協議会より後の協議・議論に正当性がないということを証明したことに他なりません。

　すなわち、民主的な手続きを経ず、違法行為を行使することによって成立した協定書は、「大都市地域における特別区の設置に関する法律」に基づき協定書に最低限書くべきことが書いてあったというだけで、総務大臣から「問題ない」との意見が出たものの、法令を遵守し、関係者の間での真摯な議論に努める様にとの技術的助言が付されるなど、根本的な手続き面においては大きな瑕疵があることが明らかになったのです。

　作成の手続きに問題がある協定書は、第14回協議会以降、わずか6時間程度の維新のみの委員で議論されただけであって、まさに突貫工事の不良品と言える多くの欠陥を抱える内容となっています。

　以下、各常任委員会の議論などで明らかになった3点について、指摘を

致します。

　1点目は、区割りです。
　財政効率を優先することだけで選択された大阪市の5区分割は、70万人近くの人口を擁する特別区も誕生させることになり、現状大阪市の270万人より少ないという屁理屈だけが空しく響く政令市並みの人口規模でニア・イズ・ベターとは程遠いものであります。また、特別区の数が5つであることに悪乗りするかのように、湾岸区のみが区の特性をイメージさせる名称にはなっているものの、他は中央・北・東・南と歴史や伝統文化を無視した名称で、地域に対する愛情を感じるものではありません。そして、その5区の議員定数は、現行の定数をそのまま当てはめるという何とも短絡的で、智恵を働かせない案になっており、住民自治の強化の観点からは論外と言わなければなりません。
　そして、振り返ればこの区割り案は、そもそも大阪市のブロック化案を検討するにあたり、公募区長達が地域の声を十分に聴くことなく、短期間で作成したものが原点なのです。その後、記録が残るわけでもない政治活動のタウンミーティングで意見があったことを理由に若干の変更をされておりますが、維新のみの限られた協議会委員で決められた区割り案に、市民の思いなど全く反映されていないのです。
　今になって住民投票をすべきだと、あたかも市民の総意を受け入れるかの様な宣伝をする前に、本当に市民の意見を組み入れる気があるのであれば、協定書案を固める前に住民にとって最も分りやすい区割りや区の名称について、アンケートを実施したり、パブリックコメントを行ったりする事などもできたはずであります。
　特別区設置は、住民の熱い思いにより動き出しているわけではなく、橋下市長はじめ維新の会の上から目線の押しつけの内容が協定書に記されているということを指摘しておきます。

続いて2点目は、財政問題です。

多額の負債を抱える大阪府と大阪市の財政が府市再編によりどの様に変わるのかは、特別区設置を選択するか否かの大きな判断材料になると考えます。しかしながら、協議会においても、10月からの議会での議論においても大阪府の財政シミュレーションが示されることはなく、また、府市再編による真の効果額を知るために現行の大阪市との比較としての財政シミュレーションを提示することを求めましたが、当局は出せないと提出することを拒否しました。

そもそも、今般の特別区設置にあたっての財政シミュレーションも、大阪市域内とでは特性が異なる5つの中核市を参考に職員数を机上の論理で概算しており、実際の行政需要に対応できるかは甚だ疑問であります。また、区庁舎はもとより、市民利用施設や、目玉権限として組み入れた児童相談所なども何処にどの様に配置され、本当に人材の確保ができるのかなどが全く不明確な状態であり、歳出を算定できない中で、どうして財政が成り立つと言い切れるのでしょうか。まさに、絵にかいた餅であります。

大阪市域内における特別区の自主財源が、現状の大阪市税収の4分の1と大幅に減少し、財政調整により足らずを確保しなければ財政が成り立たないことを考えれば、中核市並みを謳いつつも、一般市以下で、より大阪府に対して隷属的な立場になることは明らかであります。

3点目は、意思決定についてです。

財政調整財源の配分など都区協議会で決めるとされていることが余りにも多いこと、そして、財政規模が6400億円にも上る他に類をみないメガ一部事務組合の存在などにより、意思決定が非常に複雑になることも大きなデメリットです。

広域行政については、一人のリーダーで決めるというのが都構想の一つの大きな謳い文句であったはずですが、協定書を見れば事務の整理が不十分で今以上に物事が決まりそうにありません。府と特別区と一部事務組合

の事務配分を見てみれば、公園や施設など、何故このような配分になったのか首をかしげたくなるような事業がたくさんあります。今までは、大阪市が一元的に対応してきた関連事務事業についても、府と特別区とが別々で担務することにより、新たな連携や調整が必要になるものも多々見受けられます。しかも、その調整は5人の区長を相手にしなければなりません。

結局のところ、大阪市の分割による特別区設置は、単独では住民の声に答えられない財源的に脆弱（ぜいじゃく）な基礎自治体を5つ作ることを意味し、また、メガ一部事務組合を作らなければ事務の執行もまかりならないということこそが、特別区設置の矛盾と大阪市の存在意義を証明しているのです。

協定書に示された新たな特別区の姿は、以上の様な欠陥を抱えており、とりわけ財政の仕組みや意思決定の仕組みについては、大阪市民の方々にとって非常に分かりにくいものとなっていると思います。だからこそ、議会において協定書をしっかりとチェックし、判断をする必要があるのです。

橋下市長は「車を選ぶときに、エンジンのしくみなんか、皆さんは知る必要はない。スピード、安全性、快適性、値段を知ればいい。問題があったら買い換えればいい」という様な驚愕の発言をされていますが、特別区設置にクーリングオフ制度はありません。一旦、大阪市が解体廃止されてしまえば、元に戻すことはできないのです。ましてや、一部の特別区が単独で政令市や一般市になることも許されず、未来永劫、大阪府に対して隷属的な立場で、府にお願いしなければ、どれだけの権限が与えられるかも分からない、どれだけの財源をあてがわれるのかも分からない状況になってしまうのです。

こんなものは到底認めることはできません。

いわゆる大阪都構想は、4年前から大きな変遷を経て、現在の協定書に

到っております。大阪市域のみならず周辺市をも巻き込んで、それぞれ中核市並みの確固たる権限財源を持つ特別区を設置し、府市再編で浮いた年4000億円ともいわれた再編効果額で大阪の成長戦略を担う。それが当初言っておられた話であったはずですが、それらは全て、絵にかいた餅どころか、絵に描くことすらできなかったわけであります。

　もはや、当初の理念など吹っ飛んでしまっており、大阪都構想はまさに破綻したのです。

　では、いったい何が残ったのでしょうか。こだわり続けたものは何だったのでしょうか。それは、単なる政令市大阪市の解体でしかありません。唯一、公選で特別区長が選ばれることによって、住民自治が強化される印象は持ちえますが、先ほど申し上げた通り、権限の面での制約や財政的な制約を考えれば、住民の思いに答えられる行政運営は厳しいと言わなければなりません。

　大阪市の解体は、大阪市域内を更に疲弊させるだけだなく、周辺市域にも悪影響を与えます。

　現状でも財政的に苦しい大阪府が、市長が最近言われる様に大阪市のこれまでの市域外行政需要の負荷・負担を負うというのであれば、更に大阪府も立ち行かなくなるでしょう。

　大阪都構想が当初標榜した、行政の役割分担をより明確にし、広域的な行政を一本化する。そして、大阪市における住民自治を強化するという目的については、我々も賛同をするところです。しかし、現状の都構想なるものでは、その目的が達成し難いということが明らかになった今、これまでの議論を無駄にせぬように、別の形でこれらの目的を達成する方策をすぐにでも模索すべきです。

　そして、無用な制度論に終始せずに、大都市局も本当の意味での大阪の

成長を牽引する政策集団として再構築すべきと考えます。
　本日の議決を受けて、大阪における失われた暗黒の3年ともいえる、暗闇の停滞から脱却し、真に住民の安寧と大阪の発展のための具体の施策についての議論を進め実行することを切に求め、反対の討論とします。

■ OSAKA みらい（長尾秀樹議員）

　私は、OSAKA みらい大阪市会議員団を代表して、議案第 333 号「特別区設置協定書の承認について」、反対の立場から討論いたします。

　本議案については、10 月 1 日の本会議に上程され財務総務委員会に付託されて以降、9 日、10 日の財政総務委員会及び 5 常任委員協議会での質疑を経て、22 日・23 日の本会議においても市長に対する一般質問が行われました。この間の市会での議論を通じて明らかになったことは、この協定書が、後で述べるように 1 月 31 日の第 13 回法定協議会までの法定協での議論の過程で指摘されてきた制度設計案（パッケージ案）の問題点を解決するどころかより矛盾を拡大し、支離滅裂になってしまったということであります。とても実現可能な協定書とは言えず、無理やり実現しようとすれば大阪市域の住民に多大な迷惑をかけることになる代物であり、到底住民投票にかけるに値しないものであります。そもそもパッケージ案の問題点は上げるときがありませんが、主な点を改めて指摘しておきます。

　まず、事務分担について「中核市並み」と言いながら、住民及び議会のチェックやコントロールが及びにくく、しかも本来特別区相互の合意のもとに設置が決定されるべき巨大な一部事務組合があらかじめ計画されており、独立した基礎自治体であるべき特別区に配分したはずの事務を独自に処理し、実行する権限を放棄していること。

　次に、職員体制について、昼夜間人口の差や大都市特有の需要を無視して近隣中核市との単純比較をもとに算出した配置数案なるものが特別区に押し付けられており、現行職員数とのかい離に対して、いわば実現性の疑わしい、本来特別区長のマネジメントに委ねられるべき職員削減計画をあ

らかじめ特別区長に課していること。しかも、その職員削減計画が再編効果に組み込まれており、計画通りに実施されなければ、成り立たない財政シミュレーションになっていること。

　さらに、再編効果額と再編コストについて、効果額のほとんどが府市統合と無関係な大阪市における民営化やリストラ効果見込み額であり、知事・市長が公言してきた年間4,000億円はおろか大阪の成長に必要な投資に回せる財源は生まれないこと、しかも効果額が発現する保証はない一方で、庁舎の確保やシステム改修など再編コストは最初から必ず発生すること。などなど、そのほかにも財産・債務の継承、税源配分・財政調整についても、多くの問題点が法定協議会での議論で指摘されたところであります。

　にもかかわらず、協定書ではこれらの問題点が全く解消されないばかりか、以下に述べるように、さらに問題点を増やす結果となっています。
　まず第一に、事務分担にかかる133の法令改正を国に求めてきましたが、そのうち中核市権限である76の改正について総務省とほぼ合意しているとしていたにもかかわらず、7月3日に開催された第14回法定協において大都市局から法令改正を必要としない現行の東京都区の特例部分を除いて新たな法制上の措置は講じないことが口頭で報告され、市長・知事の発言以外に特段の議論の無いまま了承されました。その結果、事務分担については一本の法律改正も行われず、すべて府の事務処理特例条例や委託によることとされました。事務処理特例条例は、市町村の規模・能力に応じて個別に事務を移譲するものであり、移譲事務の内容について都道府県の意向が強く反映されているのではないか、また、移譲事務に伴う財源措置が不十分ではないかなどの問題が市町村の側から指摘されている制度であります。大都市法に基づき設置される特別区の事務分担とは趣旨・目的に違いがあるからこそ法改正を求めてきたはずであります。

第二に、都市計画の用途地域の指定権限について、事務処理特例条例による移譲にすらなじまないとの国土交通省の指摘を受けて、府の事務とされたことです。用途地域の指定については、言うまでもなく市町村にとって最も基本的なまちづくりのための権限であり、法定協議会の議論において、維新の皆さんも「特別区で担うべきである」と主張していたではありませんか。この結果、まちづくりの大事な権限を担うことのできないニアイズベターとは程遠い中途半端な自治体になってしまうのは明らかです。

　第三に、税源配分や財政調整も法令上は東京都区制度と同じであり、地方交付税が法令上の財政調整財源とはされず、府の条例の加算という形で特別区に配分されることになったことです。そもそも都区財政調整制度そのものが、特別区にとって裁量の余地がなく、都にコントロールされ続けるものですが、このことにより、パッケージ案よりさらに充分な財源保障が担保されないまま、府の裁量権限が強まることとなっています。大阪府・特別区協議会が設置され、特別区側が府知事に意見を述べることはできますが、あくまでも連絡調整のための協議機関であり意思決定機関ではありません。しかも、知事と区長が交渉するのであり、決まった後で府議会や区議会が討論する余地は限られており密室協議も同然となります。

　以上の結果、協定書の内容は「中核市並みの特別区」は名ばかりとなり、文字通り東京都区制度と同じものになってしまっています。そもそも、東京都区制度そのものが矛盾を抱えており、豊かな財源によってその矛盾を何とか和らげているのです。このような制度を、府市ともに地方交付税の交付団体であり、多額の負債を抱える大阪に適用してもうまくいかないことはこれまでにも指摘してきたにもかかわらず、そのとおりになってしまっています。協定書はもはや大阪にふさわしい大都市制度の制度設計案として破綻していると言わざるをえません。

われわれも大阪における時代に対応した改革は、推進するべきだと考えています。しかし、東京の真似をしても何もいいことはありません。改革に向けて地に足のついた議論を積み重ねて結論を出し、大阪らしいやり方で実行することこそが今、そのためにこそ大阪市役所と府庁及び議会の智恵を結集するべきであることを最後に申しあげて、反対討論といたします。

■共産党（山中智子議員）

　私は日本共産党大阪市会議員団を代表して、議案第333号「特別区設置協定書の承認について」に反対の討論を行います。

　まず最初に、本協定書は、13回に及ぶ法定協議会で、次々に指摘される問題点や矛盾について答えることのできない知事・市長が、クーデターにも等しい民主主義蹂躙の手段で維新の会以外の会派を排除してとりまとめたものであり、決議、意見書が、市会の多数をもって議決されている通り、「無効」なものであることを、あらためて申しあげておきます。本来なら、上程できるようなものではなかったのです。

　そして、同時に本協定書は、手続きもとんでもないものなら、その中身も、突貫工事のでっち上げさながら、検討に値しないものだということが、財政総務委員会や、各常任委員協議会の議論で明らかになりました。

　市民の負託を受けた議会として、キッパリと否決する以外ありません。
　以下、具体的に指摘いたします。

　橋下市長は、都構想の大きな柱として、これまで府市で二元的に行われていたとする広域行政を府に一元化して、大阪の成長戦略を強力に進めると言ってこられました。それじゃいったい、具体的に何をするのかといえば、「平松市長はカジノに反対だった。だから進められなかった」などと発言しているように、カジノを含む統合型リゾート、IRの誘致であったり、淀川左岸線延伸やなにわ筋線の建設等であったりと、またぞろムダな大型開発そのものではありませんか。

特に、カジノの誘致は、アクセス整備に巨費を投ずるにとどまらず、ただでさえ世界で最も多いギャンブル依存症患者をさらに増加させるとともに、大阪経済の活性化にもまったく役立たないものです。

　神戸女学院大学名誉教授の内田樹（たつる）さんは、「賭博は何も生み出しません。何も価値のあるものを作り出さない。借金しても、家族を犠牲にしても、それを『する人』が増えるほど胴元の収益は増える。一攫千金の夢に迷って、市民生活が出来なくなる人間が増えるほど儲かるというビジネスモデルです。」と言っておられます。まさにそのとおりで、たとえ、少々雇用などが増えたとしても、それ以上のはかりしれないマイナスをもたらすものです。

　それに、市長は度々、WTCやりんくうゲートタワービルなどの失敗をあげ、府と市があったからだとおっしゃいますが、とんでもない話です。これらは90年代、景気対策と称して、競って公共投資を積み上げた結果です。つまり政策選択上の大きな間違いであって、大阪市解体などという統治機構とは何の関係もないのです。結局、都構想とは、ムダな大型開発を府に一元化し、一人の指揮官のもとで、強力に推進することによって、WTCなどと同じ過ちを繰り返すことにほかならないのです。

　また、もう一つの大きなうたい文句は、二重行政の解消で4000億円をうみだす、特別区はニア・イズ・ベターで、市民サービスはよくなる、ということでしたが、それが全くのまやかしである事がすでに明らかになっています。

　府市統合による効果は、全くないに等しいにもかかわらず、逆に、コスト増は、とことん切り詰めた大都市局の試算でも、イニシャルコスト600億円、ランニングコスト毎年20億円増。特別区発足後5年間で1,071億

円もの収支不足が生じる始末です。市民サービスは良くなるどころか、さらに切り縮めざるをえず、特別区の運営、区民のくらしは惨憺たるものだと言わなければなりません。

しかも、北区・湾岸区以外の３つの特別区では、庁舎を建設するとしていますが、特別区の中心、交通至便のところで、建設に必要な用地が果たしてあるのかどうかさえ、いまだにはっきりしないままです。住民投票で賛成が得られれば、それから物色するという大都市局の説明は、後は野となれ山となれ、住民の便、不便に大きくかかわる問題もまったく明らかにしないまま、まさに白紙委任を求めるようなものではありませんか。

さらに、看過できない問題は、各特別区が、府に財源も権限も、そして財産も取り上げられる半人前の自治体の寄り集まりだという事です。

市町村税である、固定資産税、法人市民税等は府税扱いにされると共に、特別区の起債許可権限すら府に握られる有り様です。

しかも、大阪城、動物園、美術館、高校、大学などなど、市民の税金で営々と築いてきたものが、無償で府に移管される事になります。市内在住65歳以上無料とか、大学の入学料減額等の市民向けの優遇措置が果たしてどうなるのか。この決定すら府に委ねる以外になく、ささやかな楽しみや就学の機会をも市民から奪いかねません。

その上、多くの事業が特別区独自で運営できなくて、国民健康保険、介護保険、水道事業等、100を超える事業を一つの一部事務組合で共同して行わざるをえず、市民の命とくらしに関わる事業が、市民の声が届かない、目が行き届かないなど、ますます市民から遠ざかってしまうのです。

区議会議員の定数にしても、中核市並みの自治体とは到底言えないものとなっています。現在の市会議員の定数をそのまま当てはめたために、人口34万人の湾岸区はわずか12人。同じ人口の1/3以下という状況です。因みに定数12人の市町村はと言えば、人口1万人の能勢町です。

　付け加えれば、区議会の議場等のスペースも驚くほど切り詰められたものとなっています。中核市の議場等の平均面積は、3400㎡であるにも関わらず、議員1人35㎡で算出した結果、一番多い定数23人の南区ですらわずかに805㎡、中核市平均の1/4という状況です。

　コストを小さく見積もるためとはいえ、これほどまでの議会無視は、議会などあろうがなかろうが、特別区で決められることなど限られている、府に何もかも握られている、という特別区の無力さを象徴しているのではないでしょうか。

　まさに中核市並みどころか、半人前自治体の寄り集まりだと断ぜざるをえません。

　特別区とは、こういうものだからこそ、唯一の都区制度のもとにある東京特別区では、今や、自立を求めて、都区制度の廃止を望む声が澎湃（ほうはい）として起こっていることは周知の事実です。基礎自治体である各特別区が、基礎自治体としてのすべての事務を処理し、充実した住民自治を実現するために、特別区と決別し、一般市になることを願っているのです。財政力の豊かなところは、固定資産税や法人市民税が100％入るので、立派にやって行けるし、そうでないところは、きちんと地方交付税で補てんされるがゆえに、何の気兼ねもなく事業を遂行できる、その道をめざそうという訳です。

市長がやろうとしている都区制度は、区長は公選であっても、自立した一人前の自治体ではない、との嘆きの声が上がり続ける時代遅れの制度なのです。

　今、大阪市でなすべきことは、政令指定都市を解体し、その権限や財源を府に吸い上げる時代遅れの集権を持ち込むことではなく、むしろ、政令市としての権限・財源の拡充など地方分権の推進、地方自治の充実を国に強く求めることです。同時に、市域内においては、ニューヨーク市のコミュニティ委員会のような都市内分権に思い切って取り組むことだと申し上げ、討論といたします。

地方自治ジャーナルブックレット No.67
いま一度考えたい　大阪市の廃止・分割
―その是非を問う住民投票を前に―

2015年3月27日　初版発行

　　編　著　　大阪の自治を考える研究会
　　発行人　　武内　英晴
　　発行所　　公人の友社
　　　　　　　〒112-0002　東京都文京区小石川5－26－8
　　　　　　　TEL 03-3811-5701
　　　　　　　FAX 03-3811-5795
　　　　　　　Eメール　info@koujinnotomo.com
　　　　　　　http://koujinnotomo.com/
　　印刷所　　倉敷印刷株式会社

ISBN978-4-87555-660-2

[地方財政史]

高寄昇三著　各5,000円

大正地方財政史・上巻
大正デモクラシーと地方財政

大正地方財政史・下巻
政党化と地域経営
都市計画と震災復興

昭和地方財政史・第一巻
地域格差と両税委譲
分与税と財政調整

昭和地方財政史・第二巻
補助金の成熟と変貌
匡救事業と戦時財政

昭和地方財政史・第三巻
府県財政と国庫支援
地域救済と府県自治

昭和地方財政史・第四巻
町村貧困と財政調整
昭和不況と農村救済

[単行本]

フィンランドを世界一に導いた100の社会改革
編著　イルカ・タイパレ
訳　山田眞知子　2,800円

公共経営学入門
編著　ポーベル・ラフラー
訳　みえガバナンス研究会
監修　稲澤克祐、紀平美智子　2,500円

変えよう地方議会
〜3・11後の自治に向けて
編著　河北新報社編集局　2,000円

自治体職員研修の法構造
田中孝男　2,800円

自治基本条例は活きているか?!
〜ニセコ町まちづくり基本条例の10年
編　木佐茂男・片山健也・名塚昭　2,000円

国立景観訴訟〜自治が裁かれる
編著　五十嵐敬喜・上原公子　2,800円

成熟と洗練
〜日本再構築ノート
松下圭一　2,500円

地方自治制度「再編論議」の深層
監修　木ండ茂男
青山彰久・国分高史　1,500円

韓国における地方分権改革の分析
〜弱い大統領と地域主義の政治経済学
尹誠國　1,400円

自治体国際政策論
〜自治体国際事務の理論と実践
楠本利夫　1,400円

自治体職員の「専門性」概念
〜可視化による能力開発への展開
林奈生子　3,500円

総合計画の理論と実務
編著　神原勝・大矢野修
行財政縮小時代の自治体戦略　3,400円

[自治体危機叢書]

2000年分権改革と自治体危機
松下圭一　1,500円

自治体財政破綻の危機・管理
加藤良重　1,400円

NPOと行政の《協働》活動における「成果要因」
〜成果へのプロセスをいかにマネジメントするか
矢代隆嗣　3,500円

おかいもの革命
消費者と流通販売者の相互学習型プラットホームによる低酸素型社会の創出
編著　おかいもの革命プロジェクト　2,000円

原発再稼働と自治体の選択
原発立地交付金の解剖
高寄昇三　2,200円

「地方創生」で地方消滅は阻止できるか
地方再生策と補助金改革
高寄昇三　2,400円

総合計画の新潮流
自治体経営のトータル・システムの構築
監修・著　玉村雅敏
編集　日本生産性本部　2,400円

自治体財政のムダを洗い出す
財政再建の処方箋
高寄昇三　2,300円

震災復旧・復興と「国の壁」
神谷秀之　2,000円

政府財政支援と被災自治体財政
東日本・阪神大震災と地方財政
高寄昇三　1,600円

住民監査請求制度の危機と課題
田中孝男　1,500円

政策転換への新シナリオ
小口進一　1,600円

自治体連携と受援力
もう国に依存できない
神谷秀之・桜井誠一　1,600円

No.6 マーケットと地域をつなぐパートナーシップ
編：白石克孝、著：園田正彦　1,000円

No.7 政府・地方自治体と市民社会の戦略的連携
的場信敬　1,000円

No.8 市民と自治体の協働研修ハンドブック
土山希美枝　1,600円

No.9 行政学修士教育と人材育成
坂本勝　1,100円

No.10 多治見モデル
大矢野修　1,400円

No.11 アメリカ公共政策大学院の認証評価システムと評価基準
早田幸政　1,200円

No.12 イギリスの資格履修制度 資格を通しての公共人材育成
小山善彦　1,000円

No.14 炭を使った農業と地域社会の再生 市民が参加する地球温暖化対策
井上芳恵　1,400円

No.15 対話と議論で「つなぎ・ひきだす」ファシリテート能力育成ハンドブック
土山希美枝・村田和代・深尾昌峰　1,200円

No.16 「質問力」からはじめる自治体議会改革
土山希美枝　1,100円

No.17 東アジア中山間地域の内発的発展 日本・韓国・台湾の現場から
清水万由子・尹誠國・谷垣岳人・大矢野修　1,200円

No.18 カーボンマイナスソサエティ クルベジでつながる、環境、農業、地域社会
編著：定松功　1,100円

【生存科学シリーズ】

No.2 再生可能エネルギーで地域がかがやく
秋澤淳・長坂研・小林久・戸川裕昭・堀尾正靱　1,200円*

No.3 小水力発電を地域の力で
小林久・堀尾正靱　1,100円

No.4 地域の生存と社会的企業
柏雅之・白石克孝・重藤さわ子　1,200円

No.5 地域の生存と農業知財
澁澤栄・福井隆・正林真之他　1,000円

No.6 風の人・土の人
千賀裕太郎・白石克孝・柏雅之・福井隆・飯島博・曽根原久司・関原剛　1,400円

No.7 地域からエネルギーを引き出せ！ PEGASUS ハンドブック
監修：堀尾正靱・白石克孝、著：重藤さわ子・定松功・土山希美枝　1,400円

No.8 地域分散エネルギーと「地域主体」の形成
風・水・光エネルギー時代の主役を作る
編：小林久・堀尾正靱、著：独立行政法人科学技術振興機構 社会技術研究開発センター「地域に根ざした脱温暖化・環境共生社会」研究開発領域 地域分散電源等導入タスクフォース　1,400円

No.9 省エネルギーを話し合う 実践プラン46
エネルギーを使う・創る・選ぶ
編著：中村洋・安達昇
編者：独立行政法人科学技術振興機構 社会技術振興機構 社会技術研究開発センター「地域に根ざした脱温暖化・環境共生社会」研究開発領域　1,500円

No.10 お買い物で社会を変えよう！ レクチャー＆手引き
編著：永田潤子、監修：独立行政法人科学技術振興機構 社会技術研究開発センター「地域に根ざした脱温暖化・環境共生社会」研究開発領域　1,400円

【私たちの世界遺産】

No.1 持続可能な美しい地域づくり
五十嵐敬喜他　1,905円

No.2 地域価値の普遍性とは
五十嵐敬喜・西村幸夫　1,800円

No.3 世界遺産登録・最新事情
長崎・南アルプス
五十嵐敬喜・西村幸夫　1,800円

No.4 新しい世界遺産の登場
南アルプス【自然遺産】九州・山口【近代化遺産】
五十嵐敬喜・西村幸夫・岩槻邦男・松浦晃一郎　2,000円

【別冊】No.1 ユネスコ憲章と平泉・中尊寺供養願文
五十嵐敬喜・佐藤弘弥　1,200円

【別冊】No.2 平泉から鎌倉へ 鎌倉は世界遺産になれるか？！
五十嵐敬喜・佐藤弘弥　1,800円

No.99 自治体の政策形成力 森啓 700円
No.100 自治体再構築の市民戦略 松下圭一 900円
No.101 維持可能な社会と自治体 宮本憲一 900円
No.102 道州制の論点と北海道 佐藤克廣 1,000円
No.103 自治基本条例の理論と方法 神原勝 1,100円
No.104 働き方で地域を変える 山田眞知子 800円(品切れ)
No.107 公共をめぐる攻防 樽見弘紀 600円
No.108 三位一体改革と自治体財政 岡本全勝・山本邦彦・北良治・逢坂誠二・川村喜芳 1,000円
No.109 連合自治の可能性を求めて 松岡市郎・堀則文・三本英司・佐藤克廣・砂川敏文・北良治他 1,000円
No.110 「市町村合併」の次は「道州制」か 森啓 900円
No.111 コミュニティビジネスと建設帰農 松本懿・佐藤吉彦・橋場利夫・山北博明・飯野政一・神原勝 1,000円

No.112 「小さな政府」論とはなにか 牧野富夫 700円
No.113 栗山町発・議会基本条例 橋場利勝・神原勝 1,200円
No.114 北海道の先進事例に学ぶ 宮谷内留雄・安斎保・見野全・佐藤克廣・神原勝 1,000円
No.115 地方分権改革の道筋 西尾勝 1,200円
No.116 転換期における日本社会の可能性〜維持可能な内発的発展 宮本憲一 1,100円

【TAJIMI CITYブックレット】
No.1 転型期の自治体計画づくり 松下圭一 1,000円
No.2 これからの行政活動と財政 西尾勝 1,000円(品切れ)
No.3 構造改革時代の手続的公正と第二次分権改革 鈴木庸夫 1,000円
No.4 議会基本条例の展開 その後の栗山町議会を検証する 橋場利勝・中尾修・神原勝 1,200円
No.5 自治基本条例はなぜ必要か 辻山幸宣 1,000円
No.6 自治のかたち、法務のすがた 天野巡一 1,100円

【北海道自治研ブックレット】
No.1 市民・自治体・政治 再論・人間型としての市民 松下圭一 1,200円
No.2 議会基本条例の展開 その後の栗山町議会を検証する 橋場利勝・中尾修・神原勝 1,200円
No.3 福島町の議会改革 議会基本条例=開かれた議会づくりの集大成 溝部幸基・石堂一志・中尾修・神原勝 1,200円
No.4 議会改革はどこまですすんだか 改革8年の検証と展望 神原勝・中尾修・江藤俊昭・廣瀬克哉 1,200円

No.7 自治体再構築における行政組織と職員の将来像 今井照 1,100円(品切れ)
No.8 持続可能な地域社会のデザイン 植田和弘 1,000円
No.9 「政策財務」の考え方 加藤良重 1,000円
No.10 地方分権改革の道筋 西尾勝 1,200円
No.11 市場と向き合う自治体 市場化テストをいかに導入するべきか 小西砂千夫・稲澤克祐 1,000円
竹下譲 1,000円

【地域ガバナンスシステム・シリーズ】(龍谷大学地域人材・公共政策開発システム・オープン・リサーチセンター(LORC)…企画・編集)
No.1 地域人材を育てる自治体研修改革 土山希美枝 900円
No.2 公共政策教育と認証評価システム 坂本勝 1,100円
No.3 暮らしに根ざした心地よいまち 1,100円
No.4 持続可能な都市自治体づくりのためのガイドブック 1,100円
No.5 英国における地域戦略パートナーシップ 編:白石克孝、監訳:的場信敬 900円

- No.44 公共政策と住民参加　宮本憲一　1,100円 *
- No.45 農業を基軸としたまちづくり　小林康雄　800円
- No.46 これからの北海道農業とまちづくり　篠田久雄　800円
- No.47 自治の中に自治を求めて　佐藤守　1,000円
- No.48 介護保険は何をかえるのか　池田省三　1,100円
- No.49 介護保険と広域連合　大西幸雄　1,000円
- No.50 自治体職員の政策水準　森啓　1,100円
- No.51 分権型社会と条例づくり　篠原一　1,000円
- No.52 自治体における政策評価の課題　佐藤克廣　1,000円
- No.53 小さな町の議員と自治体　室埼正之　900円
- No.55 改正地方自治法とアカウンタビリティ　鈴木庸夫　1,200円
- No.56 財政運営と公会計制度　宮脇淳　1,100円
- No.57 自治体職員の意識改革を如何にして進めるか　林嘉男　1,000円
- No.59 環境自治体とISO　畠山武道　700円
- No.60 転型期自治体の発想と手法　松下圭一　900円
- No.61 分権の可能性　スコットランドと北海道　山口二郎　600円
- No.62 機能重視型政策の分析過程と財務情報　宮脇淳　800円
- No.63 自治体の広域連携　佐藤克廣　900円
- No.64 分権時代における地域経営　見野全　700円
- No.65 町村合併は住民自治の区域の変更である　森啓　800円
- No.66 自治体学のすすめ　田村明　900円
- No.67 市民・行政・議会のパートナーシップを目指して　松山哲男　700円
- No.69 新地方自治法と自治体の自立　井川博　900円
- No.70 分権型社会の地方財政　神野直彦　1,000円
- No.71 自然と共生した町づくり　宮崎県・綾町　700円
- No.72 情報共有と自治体改革　森山喜代香　1,000円
- No.73 地域民主主義の活性化と自治体改革　片山健也　900円
- No.74 分権は市民への権限委譲　山口二郎　900円
- No.75 今、なぜ合併か　上原公子　1,000円
- No.76 市町村合併をめぐる状況分析　瀬戸亀男　800円
- No.78 ポスト公共事業社会と自治体政策　小西砂千夫　800円
- No.80 自治体人事政策の改革　森啓　800円
- No.82 地域通貨と地域自治　西部忠　900円（品切れ）
- No.83 北海道経済の戦略と戦術　宮脇淳　800円
- No.84 地域おこしを考える視点　矢作弘　700円
- No.87 北海道行政基本条例論　神原勝　1,100円
- No.90 「協働」の思想と体制　森啓　800円 *
- No.91 協働のまちづくり　三鷹市の様々な取組みから　秋元政三　700円 *
- No.92 シビル・ミニマム再考　松下圭一　900円
- No.93 市町村行政改革の財政論　高木健二　800円 *
- No.95 市町村行政改革の方向性　佐藤克廣　800円
- No.96 創造都市と日本社会の再生　佐々木雅幸　900円
- No.97 地方政治の活性化と地域政策　山口二郎　800円
- No.98 多治見市の総合計画に基づく政策実行　西寺雅也　800円

［地方自治土曜講座ブックレット］

No.1 現代自治の条件と課題 神原勝 800円

No.2 自治体の政策研究 森啓 800円*

No.3 現代政治と地方分権 山口二郎 500円*

No.4 行政手続と市民参加 畠山武道 500円*

No.5 成熟型社会の地方自治像 間島正秀 500円*

No.6 自治体法務とは何か 木佐茂男 500円*

No.7 自治と参加 アメリカの事例から 佐藤克廣 500円*

No.8 政策開発の現場から 小林勝彦・大石和也・川村喜芳 800円*

No.9 まちづくり・国づくり 五十嵐広三・西尾六七 500円*

No.10 自治体デモクラシーと政策形成 山口二郎 500円*

No.11 自治体理論とは何か 森啓 500円*

No.12 池田サマーセミナーから 間島正秀・福士明・田口晃 500円*

No.13 憲法と地方自治 中村睦男・福士明・佐藤克廣 500円（品切れ）

No.14 まちづくりの現場から 斉藤外一・相内俊一 500円*

No.15 環境問題と当事者 畠山武道・宮嶋望 500円*

No.16 情報化時代とまちづくり 千葉純・笹谷幸一 600円（品切れ）

No.17 市民自治の制度開発 神原勝 600円*

No.18 行政の文化化 森啓 600円*

No.19 政策法務と条例 阿部泰隆 600円*

No.20 政策法務と自治体 岡田行雄 600円

No.21 分権時代の自治体経営 北良治・佐藤克廣・大久保尚孝 600円*

No.22 地方分権推進委員会勧告とこれからの地方自治 西尾勝 500円*

No.23 産業廃棄物と法 畠山武道 600円

No.24 自治体計画の理論と手法 神原勝 600円（品切れ）

No.25 自治体の施策原価と事業別予算 小口進一 600円（品切れ）

No.26 地方分権と地方財政 横山純一 600円（品切れ）

No.27 比較してみる地方自治 田口晃・山口二郎 600円

No.28 議会改革とまちづくり 森啓 400円（品切れ）

No.29 自治体の課題とこれから 逢坂誠二 400円*

No.30 内発的発展による地域産業の振興 保母武彦 600円（品切れ）

No.31 地域の産業をどう育てるか 金井一頼 600円*

No.32 金融改革と地方自治体 宮脇淳 600円*

No.33 ローカルデモクラシーの統治能力 山口二郎 400円*

No.34 政策立案過程への戦略計画手法の導入 佐藤克廣 500円*

No.35 「変革の時」の自治を考える 神原昭子・磯田憲一・大和田健太郎 600円*

No.36 地方自治のシステム改革 辻山幸宣 400円（品切れ）

No.37 分権時代の政策法務 礒崎初仁 600円*

No.38 地方分権と法解釈の自治 兼子仁 400円*

No.39 「近代」の構造転換と新しい「市民社会」への展望 今井弘道 500円*

No.40 自治基本条例への展望 辻道雅宣 400円*

No.41 少子高齢社会の自治体の福祉法務 加藤良重 400円*

No.42 改革の主体は現場にあり 山田孝夫 900円

No.43 自治と分権の政治学 鳴海正泰 1,100円

No.50 良心的裁判員拒否と責任ある参加 市民社会の中の裁判員制度 大城聡 1,000円

No.51 討議する議会 自治体議会学の構築をめざして 江藤俊昭 1,200円

No.52 【増補版】政治の検証 大阪都構想と橋下 府県集権主義への批判 高寄昇三 1,200円

No.53 虚構・大阪都構想への反論 橋下ポピュリズムと都市主権の対決 高寄昇三 1,200円

No.54 大阪市存続・大阪都粉砕の戦略 地方政治とポピュリズム 高寄昇三 1,200円

No.55 「大阪都構想」を越えて 問われる日本の民主主義と地方自治 (社)大阪自治体問題研究所 1,200円

No.56 翼賛議会型政治・地方民主主義の脅威 地域政党と地方マニフェスト 高寄昇三 1,200円

No.57 なぜ自治体職員にきびしい法遵守が求められるのか 加藤良重 1,200円

No.58 東京都区制度の歴史と課題 都区制度問題の考え方 著:栗原利美、編:米倉克良 1,400円

No.59 七ヶ浜町(宮城県)で考える「震災復興計画」と住民自治 編著:自治体学会東北YP 1,400円

No.60 市民が取り組んだ条例づくり 市長・職員・市議会とともにつくった所沢市自治基本条例 編著:所沢市自治基本条例を育てる会 1,400円

No.61 いま、なぜ大阪市の消滅なのか 「大都市地域特別区法」の成立と今後の課題 編者:大阪自治を考える会 800円

No.62 地方公務員給与は高いのか 非正規職員の正規化をめざして 著:高寄昇三・山本正憲 1,200円

No.63 大阪市廃止・特別区設置の制度設計案を批判する いま、なぜ大阪市の消滅なのかPart2 編者:大阪自治を考える会 900円

No.64 自治体学とはどのような学か 森啓 1,200円

No.65 通年議会の「導入」と「廃止」長崎県議会による全国初の取り組み 松島完 900円

No.66 平成忠臣蔵・泉岳寺景観の危機 吉田朱音・牟田賢明・五十嵐敬喜 800円

No.3 小規模自治体の可能性を探る 保母武彦・菅野典雄・佐藤力・竹内是俊・松野光伸 1,000円

No.6 今なぜ権利擁護か ネットワークの重要性 高野範城・新村繁文 1,000円

No.7 小規模自治体の可能性を探る 保母武彦・菅野典雄・佐藤力・竹内是俊・松野光伸 1,000円

No.8 小規模自治体の生きる道 連合自治の構築をめざして 神原勝 900円

[福島大学ブックレット 21世紀の市民講座]

No.1 外国人労働者と地域社会の未来 著:桑原靖夫・香川孝三、編:坂本惠 900円

No.2 自治体政策研究ノート 今井照 900円

No.3 住民による「まちづくり」の作法 今西一男 1,000円

No.4 格差・貧困社会における市民の権利擁護 金子勝 900円

No.5 法学の考え方・学び方 イェーリングにおける「秤」と「剣」 富田哲 900円

No.6 今なぜ権利擁護か 金子勝 900円

No.9 文化資産としての美術館利用 地域の教育・文化的生活に資する方法研究と実践 辻みどり・田村奈保子・真歩仁しょうん 900円

No.10 フクシマで"日本国憲法〈前文〉"を読む 家族で語ろう憲法のこと 金井光生 1,000円

[京都府立大学京都政策研究センターブックレット]

No.1 地域貢献としての「大学発シンクタンク」京都政策研究センター(KPI)の挑戦 編著 青山公三・小沢修司・杉岡秀紀・藤沢実 1,000円

No.2 もうひとつの「自治体行革」住民満足度向上へつなげる 編著 青山公三・小沢修司・杉岡秀紀・藤沢実 1,000円

No.3 地域力再生とプロボノ 行政におけるプロボノ活用の最前線 編著 杉岡秀紀 著 青山公三・鈴木康久・山本伶奈 1,000円

[地方自治ジャーナルブックレット]

- No.10 自治体職員の能力
  自治体職員能力研究会 971円
- No.11 パブリックアートは幸せか
  山岡義典 1,166円 *
- No.12 市民が担う自治体公務
  パートタイム公務員論研究会 1,166円
- No.13 上流文化圏からの挑戦
  山梨学院大学行政研究センター 1,359円
- No.14 （欠番）
- No.15 市民自治と直接民主制
  高寄昇三 951円
- No.16 議会と議員立法
  上田章・五十嵐敬喜 1,600円 *
- No.17 分権段階の自治体と政策法務
  山梨学院大学行政研究センター 1,456円
- No.18 地方分権と補助金改革
  高寄昇三 1,200円
- No.19 分権化時代の広域行政
  山梨学院大学行政研究センター 1,200円

- No.20 あなたの町の学級編成と地方分権
  田嶋義介 1,200円
- No.22 ボランティア活動の進展と自治体の役割
  山梨学院大学行政研究センター 1,200円
- No.23 新版 2時間で学べる「介護保険」
  加藤良重 800円
- No.24 男女平等社会の実現と自治体の役割
  山梨学院大学行政研究センター 1,200円
- No.25 市民がつくる東京の環境・公害条例
  市民案をつくる会 1,000円
- No.26 東京都の「外形標準課税」はなぜ正当なのか
  青木宗明・神田誠司 1,000円
- No.27 少子高齢化社会における福祉のあり方
  山梨学院大学行政研究センター 1,200円
- No.28 財政再建団体
  橋本行史 1,000円（品切れ）
- No.29 交付税の解体と再編成
  高寄昇三 1,000円

- No.30 町村議会の活性化
  山梨学院大学行政研究センター 1,200円
- No.31 地方分権と法定外税
  外川伸一 800円
- No.32 東京都銀行税判決と課税自主権
  高寄昇三 1,200円
- No.33 都市型社会と防衛論争
  松下圭一 900円
- No.34 中心市街地の活性化に向けて
  山梨学院大学行政研究センター 1,200円
- No.35 自治体企業会計導入の戦略
  高寄昇三 1,100円
- No.36 行政基本条例の理論と実際
  神原勝・佐藤克廣・辻道雅宣 1,100円
- No.37 市民文化と自治体文化戦略
  松下圭一 800円
- No.38 まちづくりの新たな潮流
  山梨学院大学行政研究センター 1,200円
- No.39 ディスカッション三重の改革
  中村征之・大森弥 1,200円
- No.40 政務調査費
  宮沢昭夫 1,200円（品切れ）

- No.41 市民自治の制度開発の課題
  山梨学院大学行政研究センター 1,200円
- No.42 《改訂版》自治体破たん・「夕張ショック」の本質
  橋本行史 1,200円 *
- No.43 分権改革と政治改革
  西尾勝 1,200円
- No.44 自治体人材育成の着眼点
  浦野秀一・井澤壽美子・野田邦弘・西村浩・三関浩司・杉谷戸知也・坂口正治・田中富雄 1,200円
- No.45 シンポジウム障害と人権
  橋本宏子・森田明・湯浅和恵・池原毅和・青木九馬・澤静子・佐々木久美子 1,400円
- No.46 地方財政健全化法で財政破綻は阻止できるか
  高寄昇三 1,200円
- No.47 地方政府と政策法務
  加藤良重 1,200円
- No.48 政策財務と地方政府
  加藤良重 1,400円
- No.49 政令指定都市がめざすもの
  高寄昇三 1,400円

「官治・集権」から
　　　　「自治・分権」へ

市民・自治体職員・研究者のための
自治・分権テキスト

《出版図書目録 2015.3》

公人の友社

〒120-0002　東京都文京区小石川 5-26-8
TEL　03-3811-5701
FAX　03-3811-5795
mail　info@koujinnotomo.com

● ご注文はお近くの書店へ
　　小社の本は、書店で取り寄せることができます。
● ＊印は〈残部僅少〉です。品切れの場合はご容赦ください。
● 直接注文の場合は
　　電話・FAX・メールでお申し込み下さい。
　　TEL　03-3811-5701
　　FAX　03-3811-5795
　　mail　info@koujinnotomo.com
　　（送料は実費、価格は本体価格）